STRATÉGIAS de ENSINO 70

CRISTINA BOHN CITOLIN
EDSON CARPES CAMARGO
GRAZIELE SILVEIRA DOS SANTOS
MAIQUEL RÖHRIG

EDUCAÇÃO INFANTIL

Diálogos docentes no cotidiano escolar

parábola

Direção: Andréia Custódio
Preparação: Thiago Zilio Passerini
Revisão: Silvana Cobucci
Capa e diagramação: Telma Custódio
Imagens: p. 22, 42, 52, 62, 65, 75, 80 e 98: Banco de imagens @dephositphotos
p. 102: Banco de imagens @stockphotos
p. 32, 57, 92, 95: Acervo dos autores
Capa, contracapa, p. 38, 54, 86: Acervo da Escola Fazendo Arte (São Paulo, SP)
p. 51, 90, 91: Ilustrações de Henrique Custódio Pereira

CIP-BRASIL. CATALOGAÇÃO NA FONTE
SINDICATO NACIONAL DOS EDITORES DE LIVROS, RJ
Meri Gleice Rodrigues de Souza - Bibliotecária - CRB-7/6439

E26

Educação infantil : diálogos docentes no cotidiano escolar / Cristina Bohn Citolin ... [et al.]. - 1. ed. - São Paulo : Parábola, 2024
112 p. : il. ; 23 cm.

Inclui bibliografia
ISBN 978-85-7934-352-0

1. Educação infantil. 2. Professores - Formação. 3. Prática de ensino. I. Citolin, Cristina Bohn. II. Título.

24-94443 CDD: 370.71
CDU: 37.026

Direitos reservados à
PARÁBOLA EDITORIAL
Rua Dr. Mário Vicente, 394 - Ipiranga
04270-000 São Paulo, SP
[11] 5061-9262
www.parabolaeditorial.com.br
parabola@parabolaeditorial.com.br

ISBN: 978-85-7934-352-0

SUMÁRIO

NOTA DO EDITOR

Este é um livro no qual pomos esforço e esperança. É lugar-comum dizer que a educação é a base da formação humana, cidadã, da autonomia de pensamento, de uma sociedade democrática. A questão que surge diante disso é: como incluir objetivos tão amplos na educação infantil, o primeiro e imprescindível passo da educação básica, dever constitucional do Estado brasileiro?

A resposta é criar e implementar duradouramente políticas e estratégias educacionais para crianças de 0 a 5 anos. É preciso enfatizar: estamos falando de educação para crianças que vivenciam as experiências do agora. A educação infantil é o momento formacional em que predominam as interações, as brincadeiras, o acolhimento, as experiências e, claro, a leitura acompanhada em contextos espaciais onde a experimentação e o diálogo sejam o compasso dessas sessões diárias.

Este *Educação infantil: diálogos docentes no cotidiano escolar*, escrito a várias mãos por Cristina Bohn Citolin, Edson Carpes Camargo, Graziele Silveira dos Santos e Maiquel Röhrig, vai nos conduzir justamente pelos princípios pedagógicos e pelos compromissos éticos e estéticos de uma educação infantil contemporânea. Conscientes de que professoras e professores se empenham na construção de sujeitos inteiros desde a infância, recorrem às *Diretrizes curriculares nacionais da educação infantil* e à Base Nacional Comum Curricular (BNCC) para tratar, em forma dialogada, não de currículo, menos ainda de retenção de crianças nesse momento da trajetória educacional, mas pura e simplesmente de práticas educacionais. A todo momento, o que está em jogo é o direito das crianças à infância e à educação, aos letramentos com base na experiência do estarem juntas numa excursão ao mundo.

Necessário enfatizar que este livro é um convite ao diálogo sobre a educação infantil, não um guia, não uma proposta fechada. O que as autoras e autores pretendem é compartilhar com as professoras e professores da educação infantil práticas significativas a partir das circunstâncias e dos movimentos das crianças diversas que têm diante de si. A proposta aqui é a de autonomia dos docentes e das *crianças* a partir de dois eixos: cultura e autoria. Esperamos que nossa proposta seja bem acolhida.

Marcos Marcionilo
Editor

APRESENTAÇÃO

— O que é este livro? Ele parece diferente...
— Decidimos escrevê-lo em forma de diálogo.

— Quem está dialogando?
— Duas professoras da educação infantil. Elas falam sobre as crianças das turmas de pré-escola em que são professoras, trocam ideias sobre planejamento, organização da sala, quais atividades propor, como identificar os interesses de pesquisa das crianças, que materiais podem utilizar nas sessões investigativas.

— Com qual o objetivo?
— Apresentar elementos teóricos e metodológicos a partir do cotidiano de uma escola de educação infantil. Optamos pelos diálogos para que o livro tivesse uma linguagem acessível. As temáticas são relacionadas à educação das crianças e aparecem na voz das próprias crianças e das professoras da pré-escola. São elas que encaminham as discussões, apresentam problematizações e sinalizam alternativas.

— O livro oferece dicas de como trabalhar, é isso?
— Não. A gente discute conceitos e mostra como eles podem ser organizados pelas professoras em sua rotina escolar. A ideia é mostrar a construção de um projeto ao longo do ano, e não fazer as pessoas replicarem os projetos discutidos pelas professoras e as atividades aqui apresentadas.

— Então, ao mostrar um processo de construção, o livro se pretende um exemplo de como as coisas acontecem na escola no período de um ano letivo, não um modelo a ser copiado?
— Justamente isso. Nosso objetivo é refletir sobre a educação infantil, etapa fundamental da educação básica que tem passado por grandes transformações, não só porque as ideias sobre a educação têm mudado, mas porque nossa visão a respeito da infância veio se transformando. O livro mostra como se dá a organização das salas, o planejamento do que passou a se chamar de sessões investigativas e apresenta etapas de um projeto para ilustrar como a teoria está relacionada com a prática. Tudo pautado por vozes de crianças, com o máximo de espaço reservado ao protagonismo infantil. As crianças são nosso fio condutor, sem abrir mão ou deixar de lado o papel fundamental da intencionalidade educativa das professoras.

— São reflexões teóricas, então?
— Os aspectos teóricos e as referências à Base Nacional Comum Curricular (doravante, BNCC) estão presentes nas falas das professoras e ainda são percebidos naquilo que os outros personagens dizem e fazem.

— **"Os outros personagens"?**
— Além das professoras, há a presença da coordenadora pedagógica e de várias crianças, cujas vozes se fazem ouvir em situações cotidianas e nos registros das professoras para documentar o que ocorre na escola. A ideia é que tanto a BNCC quanto as teorias sejam percebidas como partes indissociáveis das práticas docentes.

— **As professoras e a coordenadora concordam em tudo?**
— Os diálogos produtivos dão espaço ao contraditório. Se os personagens concordassem em tudo, não seriam semelhantes a pessoas reais. As pessoas têm visões diferentes, mas, na escola, é importante diferentes visões estarem alinhadas a propósitos pedagógicos claros. O que as professoras e a coordenadora fazem é, a partir dos diálogos, estabelecer caminhos. A educação convive com questões complexas irredutíveis a soluções simplistas.

— **É mesmo um livro diferente do que me acostumei a ler.**
— A gente espera que a leitura contribua para pensarmos juntos(as) sobre a educação infantil.

— **Os autores e autoras são professores?**
— Quatro professores com diferentes formações, mas com uma coisa em comum: a paixão pela educação. Estudamos muito e temos vários anos de experiência, mas não sabemos tudo. Por isso escolhemos o diálogo como forma, para as pessoas que lerem se sentirem convidadas a participar da conversa.

— **Eu já estou aqui com vocês! Quero ver o que as professoras, a coordenadora e as crianças têm a dizer.**
— Boa leitura!

1

AS CRIANÇAS E O CONCEITO PLURAL DE INFÂNCIA

— Seja bem-vinda à nossa escola.

— Obrigada. Estou me sentindo muito bem recebida.

— Adoro esse jeito diferente que você tem.

— Sabe que em alguns lugares eu me sinto um pouco estranha...? Meio deslocada.

— Aqui você vai se sentir bem. Eu adoro pessoas e ideias diferentes. Você vai ficar com a pré-escola A?

— Sim, a coordenadora me informou que são 20 crianças.

— Minha turma tem 20 também. Ano passado eu tinha 25. O número de crianças estava no limite. Fiquei feliz de terem aberto duas turmas de pré-escola, assim podemos trocar ideias. Nos últimos tempos, aconteceram tantas mudanças que é difícil acompanhar.

— Nem me fale. Quando comecei, eu pensava uma coisa e vi que é bem outra.

— A gente quer oferecer o melhor às crianças, mas às vezes descubro que algumas coisas que faço não são as mais adequadas.

— A educação muda o tempo todo. O mundo muda. As crianças mudam.

— E a gente deve se abrir às mudanças.

— Você me ajuda?

— Vamos nos ajudar e trabalhar juntas. Aposto que você tem ideias novas e ótimas para compartilhar.

— Às vezes, é difícil encontrar alguém que compartilhe.

— Tem gente que não gosta, mas eu não sou assim. Se as crianças podem aprender, por que eu não vou poder? Estou louca para receber os alunos e ensinar coisas novas à turma.

— Humm, pois é...

— Que foi? Você ficou nervosa? Não precisa ter medo, as crianças são ótimas.

— É, as crianças...

— Pode falar. O que foi?

— Desculpe, eu não quero ser chata.

— Você ficou pensativa. Me deixa ver... Eu disse que estou louca para receber os alunos. Não tem nada de errado em dizer "estou louca", né? É só uma expressão figurada, uma brincadeira.

— Eu sei, não é isso. É que são "crianças". A palavra "aluno" tem um significado diferente.

A PALAVRA "ALUNO" TEM UM SIGNIFICADO DIFERENTE

— Ah! É mesmo! Usei no automático. Ano passado, a gente releu a BNCC numa formação, e a coordenadora destacou: "A BNCC usa o termo *crianças* quando trata da educação infantil. *Aluno* é o termo usado quando ela se refere ao ensino fundamental". Está escrito lá, a gente viu[1]. A educação infantil é o momento para as professoras provocarem a criança a experimentar.

— Tem ensino, mas não tem aula no sentido tradicional do termo.

— E a gente não ensina apenas, mas aprende também com as crianças. Estou atualizada! Viu só?

— Falando parece complicado.

— É isso o que dizem a BNCC e as Diretrizes Curriculares Nacionais para a Educação Infantil, DCNEIs. A gente usa muitas palavras meio sem pensar.

— Criança não é aluno, e a gente precisa respeitar as infâncias. As palavras usadas no senso comum às vezes contaminam o nosso discurso.

— Concordo. A infância é vista, muitas vezes, sob uma perspectiva psicológica, pela adesão à ideia segundo a qual o desenvolvimento segue uma lógica linear, progressiva e padronizada. É difícil mudar o jeito de pensar e de falar, mas eu sei que os estudos sobre as infâncias evoluíram. Neste ano, vamos ter tempo de discutir vários temas nas nossas reuniões de formação pedagógica.

— A coordenadora disse que eu e você vamos nos reunir para planejar. Trocar ideias vai ser muito bom. Não são só as ideias novas que funcionam, a gente sabe muita coisa a partir das experiências que vivencia.

— Ah é! Com certeza. Não dá para jogar fora o que funciona. Mas, volta e meia, eu escorrego numas palavras e em práticas que não fazem mais muito sentido. As teorias mais recentes são mais... como se diz?

— Hoje se pensa mais em termos da sociologia da infância, a partir dos estudos de William Corsaro[2], por exemplo, e da antropologia da infância também.

1 Como exemplo elucidativo da questão, pode-se citar o seguinte trecho da BNCC: "As informações contidas em relatórios, portfólios ou outros registros que evidenciem os processos vivenciados pelas **crianças ao longo de sua trajetória na educação infantil** podem contribuir para a compreensão da história de vida escolar de cada **aluno do ensino fundamental**" (Brasil, 2018, p. 53, grifos nossos).

2 CORSARO, William A. *Sociologia da infância*. Porto Alegre: Penso, 2011.

TODA CRIANÇA TEM DE SER TRATADA COMO CRIANÇA

— A gente leu textos com este conceito, "sociologia da infância", no ano passado.

— Primeiro, interessa reconhecer a criança como sujeito e respeitar seu direito às infâncias. As crianças têm vez e voz, como disse Adriana Friedmann, antropóloga e autora do livro *A vez e a voz das crianças*[3].

— A ideia é a gente realmente olhar para as crianças. Olhar e ver, de verdade.

— Mudar as palavras implica uma mudança de conceito e de postura. As crianças foram invisibilizadas por séculos. A sociedade pensava que elas eram indivíduos a quem faltava algo ou que vivessem um processo intermediário, sempre com o objetivo de se tornarem adultas.

— Muita gente ainda pensa assim. As pessoas ficam perguntando: "O que você vai ser quando crescer?". Como se a criança não fosse nada e precisasse crescer para se tornar alguma coisa. As crianças já são!

— Por não poder participar das decisões da sociedade e da família, a criança não era reconhecida como o sujeito de direitos que é!

— Mas não como uma pessoa adulta. Toda criança tem de ser tratada como criança.

— Ainda hoje muitas crianças não têm infância. Parece contraditório dizer "criança sem infância", mas essa é uma realidade nada infrequente.

— Faz todo o sentido para mim. Muitos meninos e meninas por aí, até nas nossas turmas, não têm sua infância respeitada. Credo! A gente precisa ficar de olho.

— Verdade, há muitas crianças que não são tratadas como crianças, mas sim como adultos em miniatura.

— Ainda tem isso, crianças que não podem brincar nem conviver com outras.

— Isso acontece em toda parte.

— Até pouco tempo, a gente adotava práticas com objetivos pensados sob uma ótica que não considerava a criança como participante ativa do processo. De uns tempos para cá, estamos empenhadas em mudar essa posição, mesmo quando há resistência. É uma luta que eu faço questão de lutar.

---

3 FRIEDMANN, Adriana. *A vez e a voz das crianças: escutas antropológicas e poéticas das infâncias.* São Paulo: Panda Books, 2020.

— Brincar, por exemplo. Antes se pensava que brincar fosse atividade reservada apenas ao recreio.

— Não é isso. Brincar é um direito de aprendizagem e desenvolvimento, conforme estabelecido pela BNCC![4]

— A criança aprende brincando. O brincar é também um eixo norteador das DCNEIs[5].

— Brincadeira é coisa séria. Ajuda no equilíbrio afetivo, na compreensão do mundo, na memória, na linguagem, na motricidade.

— Você hoje está afiada, hein?

— Li isso num livro de Zilma Ramos de Oliveira[6].

— A gente precisa incentivar as brincadeiras com intencionalidade educativa. Segundo a BNCC, essa intencionalidade educativa "consiste na organização e proposição, pelo educador, de experiências que permitam às crianças conhecer a si e ao outro e de conhecer e compreender as relações com a natureza, com a cultura e com a produção científica, que se traduzem nas práticas de cuidados pessoais (alimentar-se, vestir-se, higienizar-se), nas brincadeiras, nas experimentações com materiais variados, na aproximação com a literatura e no encontro com as pessoas"[7]. Levar as crianças para brincar e deixá-las livres não deve ser a única metodologia.

— Deixar as crianças livres é importante em alguns momentos, mas também devemos acompanhá-las, instigar a curiosidade delas e apresentar brincadeiras variadas.

— A proposta da educação infantil hoje é esta: permitir à criança explorar o mundo como protagonista. Mas isso não significa deixá-las sozinhas — os adultos devem acompanhar suas descobertas.

— É complicado isso, porque a visão que a gente tem das crianças é pautada por uma visão adultocêntrica.

4 O brincar é um dos seis direitos de aprendizagem e desenvolvimento previstos na BNCC: "Brincar cotidianamente de diversas formas, em diferentes espaços e tempos, com diferentes parceiros (crianças e adultos), ampliando e diversificando seu acesso a produções culturais, seus conhecimentos, sua imaginação, sua criatividade, suas experiências emocionais, corporais, sensoriais, expressivas, cognitivas, sociais e relacionais" (Brasil, 2018, p. 38).

5 As DCNEIs estabelecem as interações e a brincadeira como eixos norteadores das práticas pedagógicas da educação infantil (Brasil, 2010, p. 25).

6 RAMOS DE OLIVEIRA, Zilma. *Educação infantil*. São Paulo: Cortez, 2020.

7 Brasil, 2018, p. 39.

— Lidar com essa nova forma de pensar nos tira do lugar-comum. As palavras do dia a dia carregam uma forma de expressar o pensamento nem sempre adequada.

— Tem novas palavras que a gente devia incorporar a nosso repertório didático.
— Pensar as crianças como sujeitos que vivem na infância já mudou muita coisa.

— O conceito de infância muda com o tempo, e tem a ver com outras questões.
— Como a região do mundo, por exemplo.

— A infância é uma questão histórica, social, cultural.
— Outro dia, li um livro, *Sociologia da infância no Brasil*[8]. Uma das autoras, Anete Abramowicz, diz que a infância é uma coisa universal, constante, presente em todas as sociedades — algo aparentemente óbvio até. Porém, estamos diante de um conceito que varia com o tempo, de geração para geração, e muda conforme a classe social, o gênero, a etnia. Concordamos com a autora: o que há são infâncias, no plural.

— A infância é, ao mesmo tempo, singular e plural. Simples e complexa. E muda, como acontece com tudo, com todos.
— É só pensar como era a infância dos nossos avós, dos nossos pais, da gente e das crianças de hoje. Não são necessários grandes esforços de pesquisa. Mas tem quem simplesmente não queira enxergar.

— Ser criança no meio urbano não é o mesmo que numa comunidade rural ou numa aldeia indígena. Mas, no Brasil, as crianças têm seus direitos garantidos por lei. É por isso que a gente pode ter essa conversa neste livro, porque está definitivamente estabelecido que as crianças têm o direito à educação infantil em nosso país todo.
— Verdade, desde a Constituição Federal de 1988, as crianças têm o direito à educação e, depois, com a Lei de Diretrizes e Bases da Educação nº 9.394/96, a LDB, a educação infantil passou a ser a primeira etapa da educação básica, tornando-se direito da criança e dever do Estado.

— Isso mesmo! A LDB reconheceu a educação infantil como primeira etapa da educação básica, tendo como finalidade o desenvolvimento integral da criança.
— "Desenvolvimento integral": essa deve ser nossa busca.

— É difícil, mas a gente tem o dever de tentar.

---

8 GOULART DE FARIA, Ana Lucia, FINCO, Daniela (org.). *Sociologia da infância no Brasil*. Campinas, São Paulo: Autores Associados, 2020.

— E teve as DCNEIs de 2009, que fundamentaram a BNCC em 2018, documentos que devem ser levados em consideração na elaboração curricular das escolas.

— Volta e meia, a gente relê trechos da BNCC. As crianças têm direitos, e a escola é um espaço institucionalmente reconhecido para o acesso a eles. Somos especialistas em infâncias!
— Gostei disso.

— Especialistas estão sempre estudando para se manterem atualizados.
— Imagina arrancar um dente com equipamentos do século passado. Credo! Seguravam com alicate e puxavam até voar fora.

“O QUE VOCÊ VAI SER QUANDO CRESCER?”. COMO SE A CRIANÇA NÃO FOSSE NADA E PRECISASSE CRESCER PARA SE TORNAR ALGUMA COISA. AS CRIANÇAS JÁ SÃO!

— Ai, até me doeu! Mas não é fácil mudar se nós mesmas aprendemos de um jeito tão diferente... Aqui na escola, houve atrito ano passado quando resolvemos mudar a organização das salas.
— “Atrito”?

— Não se preocupe, é um modo de dizer. Mas tivemos conversas difíceis nas reuniões pedagógicas. E, depois, com as famílias. A gente instituiu rodas de conversa naquela época, a fim de ouvir os responsáveis pelas crianças e tentar construir coletivamente essa nova visão. Não queriam aceitar que a gente tivesse tirado as carteiras, por exemplo. Até algumas professoras acharam ruim, pois preferiam as crianças sentadinhas e caladas.
— Eu sei, essa é uma questão complicada. As pessoas acham que cada criança deve ter sua própria carteira na escola, mas essa é a lógica do ensino fundamental e médio, não mais da educação infantil.

— A educação infantil se organiza hoje a partir de outra proposta pedagógica. O complicado é que nós somos adultas, e parece que nossa relação com o mundo deve ser reproduzida para todas as faixas etárias.
— É um paradoxo pensar a escola como lugar onde a criança terá acesso aos conhecimentos produzidos pela humanidade e, ao mesmo tempo, como espaço propício à produção de cultura. Crianças produzem cultura!

— Eu li uma coisa parecida em algum lugar...

O BRINCAR É UM DOS SEIS DIREITOS DE APRENDIZAGEM E DESENVOLVIMENTO PREVISTOS NA BNCC

— Certamente nas DCNEIs[9].

— Sim, mas também li num livro em torno das teorias recentes sobre as infâncias.
— Será que não foi no livro de Alfredo Hoyuelos e Maria Antonia Riera?[10]

— Eles falam que as crianças têm um jeito de ver o mundo e são capazes de se maravilhar.
— Isso aí!

— É bom a gente fazer da escola um espaço onde as crianças possam se maravilhar não só a partir de nossa intervenção, mas interagindo entre si.
— Para mim é difícil pensar atividades em que eu, como professora, não seja o centro de toda a ação pedagógica e que, em vez disso, deem o protagonismo às crianças.

— Está falando dos planejamentos das aulas?
— Alguns teóricos os chamam de planos de sessões investigativas. Paulo Fochi, em sua tese de doutorado, caracteriza essas sessões por um conjunto aberto de possibilidades proposto pelo professor. É preciso atentar para os materiais disponibilizados, sua organização e quantidades, prever o tempo da sessão, considerar o grupo de crianças[11].

— Olha as palavras me traindo de novo. Faremos juntas planos para todas as sessões investigativas!
— Vamos focar em fazer as crianças terem experiências.

— Tem um texto que eu adoro sobre a questão da experiência. Como é o nome do autor? Estou tentando lembrar...
— Não é aquele texto do Bondía?

---

9 "Criança: sujeito histórico e de direitos que, nas interações, relações e práticas cotidianas que vivencia, constrói sua identidade pessoal e coletiva, brinca, imagina, fantasia, deseja, aprende, observa, experimenta, narra, questiona e constrói sentidos sobre a natureza e a sociedade, produzindo cultura" (Brasil 2010, p. 12).

10 HOYUELOS, Alfredo, RIERA, Maria Antonia. *Complexidade e relações na educação infantil.* São Paulo: Phorte, 2019.

11 FOCHI, Paulo Sérgio. *A documentação pedagógica como estratégia para a construção do conhecimento praxiológico*: o caso do observatório da cultura infantil - OBECI. Tese de doutorado apresentada em 2019. Disponível em https://www.teses.usp.br/teses/disponiveis/48/48134/tde-25072019-131945/publico/PAULO_SERGIO_FOCHI_rev.pdf. Acesso em 16/06/2024.

— Isso, Jorge Larrosa Bondía. O título é "Notas sobre a experiência e o saber de experiência"[12]. Ele diz que uma experiência não é a mesma coisa de um experimento. A experiência é algo que nos acontece, nos transforma. Mas isso só é possível se nos dispusermos a ser afetados.
— O mundo contemporâneo matou isso, na opinião dele.

— A gente quer controlar tudo. O que acontece na sala não precisa estar sempre sob nosso inteiro controle.
— Planejamos e temos objetivos, mas as experiências que encorajamos podem levar a caminhos inesperados. E isso pode transformar completamente as crianças e nos levar a aprender junto com elas .

— Respeitar as infâncias é revolucionário.
— Disso não há a menor dúvida.

— O modo como pensamos, como trabalhamos, a organização dos espaços, enfim, tudo precisa mudar a partir dessa nova lógica. Qual é a primeira sessão investigativa que vamos planejar?

12 BONDÍA, Jorge Larrosa. Notas sobre a experiência e o saber de experiência. *Rev. Bras. Educ.* 2002, n.19, pp. 20-28.

CANTINHO
DA
LEITURA

2

A SALA DE REFERÊNCIA

— Podíamos começar pensando juntas como organizar a sala de referência. O que você acha?

— Sala de referência é o jeito como Paulo Fochi chama, não é?
— Sim, Paulo Fochi fala disso em sua tese de doutorado. As crianças não precisam de uma sala de aula tradicional, com carteiras enfileiradas, mas de um espaço de referência que contribua para a cooperação, o diálogo e a interação das crianças entre si, delas com os adultos e delas com o entorno.

— Oba! Nisso minha prática está bem de acordo com a teoria!
— Uma sala de referência precisa ser, ao mesmo tempo, um lugar para o grupo e para cada criança.

— Como a ideia é tirar o adulto do centro das atividades e favorecer as relações das crianças entre si e delas com a professora, não faz sentido ter carteiras enfileiradas.
— Exato.

— Eu costumava arrumar a sala para receber as crianças com vários materiais. Ano passado, mudei, sabia?
— Como assim?

— Antes, eu deixava a sala preparada com as carteiras. Colocava uma decoração colorida, até as letras do alfabeto eu fixava em cima do quadro para as crianças verem.
— Todo mundo fazia assim.

— Muita gente ainda faz. A questão é que essa é a organização de uma sala de aula para adultos em miniatura.
— Como é que você fez ano passado?

— Lembra que eu disse termos discutido o uso das carteiras? A gente leu vários textos de pesquisadores das infâncias, assistiu a vídeos e discutiu como alinhar nossas práticas a essa teoria, organizando a sala segundo um modelo diferente, mais de acordo com a lógica das crianças.
— Entendi. Foi uma decisão do grupo de professoras.

— Com o estímulo da coordenadora, senão as coisas não andam. É mais fácil deixar tudo como está se ninguém nos provoca a mudar.
— A coordenadora parece ser bem ativa.

— Ela nos escuta bastante. A gente começou organizando algumas carteiras em espaços estratégicos da sala para constituir contextos de sessões

investigativas e permanentes, como o desenho de observação e o grafismo.

— Entendi: colocar as crianças sentadas o tempo todo não combina com a dinâmica da educação infantil, mas não dá para abolir as carteiras automaticamente. Fica melhor integrá-las na criação e organização dos contextos.

SE FOSSE PARA REPETIR A MESMA COISA, PODERIAM COLOCAR UM ROBÔ NO MEU LUGAR. ROBÔ NENHUM VAI FAZER O QUE FAÇO...

— No começo, as famílias não entenderam. Fizemos muitas rodas de conversa para mostrar a intencionalidade daquilo que estávamos propondo. Dá trabalho mudar o jeito de pensar, mas é revigorante.

— As carteiras criam uma barreira que dificulta a aprendizagem infantil.

— As crianças aprendem muito umas com as outras. Cada coisa que elas dizem! Quando uma criança comunica suas hipóteses à outra, aquele aprendizado se consolida de um jeito que a gente nem imagina[1].

— Assim como as professoras aprendem muito umas com as outras. Estou aprendendo muito com você.

— Eu também! Trocar ideias faz a gente entender melhor o sentido do que faz. Conheço um livro que fala bem sobre isso: *Educar é a busca de sentido*[2]. Ele discute a educação infantil a partir da abordagem projetual, que é a forma como buscamos trabalhar.

— Algumas das minhas colegas não gostavam de mudanças, se mostravam resistentes às novas teorias pedagógicas

— Mas elas não eram novinhas como você?

— Isso não tem a ver com idade, mas com muito estudo, abertura e compreensão das teorias, sabe?

— Ah! Se fosse para repetir a mesma coisa, poderiam colocar um robô no meu lugar. Robô nenhum vai fazer o que faço porque aprendo sempre uma

1 Na BNCC, conviver é um dos direitos de aprendizagem e desenvolvimento: "Conviver com outras crianças e adultos, em pequenos e grandes grupos, utilizando diferentes linguagens, ampliando o conhecimento de si e do outro, o respeito em relação à cultura e às diferenças entre as pessoas" (Brasil, 2018, p. 38).

2 MARTINI, Daniela *et al. Educar é a busca de sentido*: aplicação de uma abordagem projetual na experiência educativa de 0-6 anos. São Paulo: Ateliê Carambola, 2019.

coisa nova. Ano passado, minha sala tinha quatro espaços... Como é mesmo o nome deles?

— Alguns teóricos os chamam de contextos, espaços, outros de ambientes educadores. O nome varia, mas a ideia é a mesma: um espaço onde a criança possa brincar, fazer suas investigações, interagir com os outros.

— Num deles, ano passado, a gente tinha dinossauros.

— Algumas crianças gostam deles, e não é difícil conseguir brinquedos desse tipo.

— Pensei nisso, nas coisas com que elas brincam em casa e que podem instigar reflexões e aprendizagens. Em minha sala, havia um espaço, quer dizer, um contexto com material não estruturado. É fácil de criar e podemos reunir vários elementos que estimulam a criatividade, não só para entender o que são, mas para transformá-los em outras coisas. Eu adoro isso, sabe? Aquele miolo do papel higiênico vira cada coisa!

— As crianças são muito criativas. Não é legal usar materiais não estruturados para trabalhar artesanato, porque daí deixa de ser um contexto e vira aula.

— É, a gente pedia para trazerem garrafas pet, papelão e orientávamos as crianças a montarem brinquedos, criar formas de animais. Não havia espaço para a criação livre por parte delas.

— Além disso, os materiais precisam estar relacionados uns aos outros, não podem ser escolhidos de forma aleatória. Se optamos em trabalhar com papel, podemos levar diferentes tipos e incentivar as crianças a explorá-los para provocar sensações variadas.

— É comum ver trabalhos na educação infantil com materiais diferentes, garrafa pet, papelão, tampinhas, e a montagem de objetos copiados de um modelo.

— Não sei se esse tipo de trabalho é adequado.

— Eu fazia anos atrás, mas o que venho estudando e lendo me fez repensar.

— Que tipo de leituras você tem feito?

— Tentando lembrar... Já sei: o título de um dos livros é *Construção e construtividade: materiais naturais e artificiais nos jogos de construção*[3]. É isso.

— Sei qual é.

3 DUBOVIK, Alejandra; CIPPITELLI, Alejandra. *Construção e construtividade*: materiais naturais e artificiais nos jogos de construção. São Paulo: Phorte, 2019.

— Ao ler esse livro, percebi que estava dando aula de artesanato em vez de incitar as crianças a serem criativas. Daí todas faziam joaninha, borboleta, dobravam o papel para virar um sapo de origami. Quando mudei meu modo de pensar e passei a deixar as crianças criarem os seus materiais em sessões em que eu problematizava em vez de determinar: "Façam isso", "façam assim", os resultados começaram a ser surpreendentes.

PERCEBI QUE ESTAVA DANDO AULA DE ARTESANATO EM VEZ DE INCITAR AS CRIANÇAS A SEREM CRIATIVAS

— Muitas crianças devem ter criado objetos que você nunca teria imaginado.

— E aquelas que não quiseram fazer, tudo bem também. Nem todo mundo precisa se interessar e participar.

— Então vamos manter o contexto do material não estruturado?

— Neste ano, pensei em não ter um contexto desse tipo... Nem dinossauros. Não daria para trabalharmos com material não estruturado em algum momento específico, de modo mais pontual?

— A gente é que decide.

— Quero coisas diferentes. É preciso inovar.

— E se a gente aproveitasse para começar com coisas mais do cotidiano das crianças?

— Como o quê?

— Estou pensando num espaço com uma cabana. Ela pode ser feita com panos. As crianças a usariam na contação de histórias, por exemplo. Na verdade, nesse espaço, elas fazem de tudo, porque adoram ficar na cabana e inventam mil e uma utilidades para esse contexto.

— Podemos aproveitar a cabana como espaço de intimidade. Assim, quando a criança quiser ficar sozinha, pode ir para lá.

— Perfeito.

— E que tal um contexto com elementos da natureza: folhas, flores, pedras? Dá para colocar sementes de tamanhos variados, conchas, galhos, madeiras.

— É bom, mas... E se a gente deixasse a exploração da natureza para o pátio? O pátio como um grande ateliê? Que tal?

— Boa ideia. Já que nossa escola tem pátio, vamos usá-lo como espaço de brincar e aproveitá-lo para realizar algumas sessões investigativas.

— Perfeito! Também podemos levar em conta o que Maria da Graça Souza Horn e Maria Carmem Silveira Barbosa apresentam no livro *Abrindo as portas da escola infantil*[4]. É preciso pensar e planejar muito bem o uso do pátio da escola. Por exemplo, coletar pedras pode render boas investigações. As crianças costumam colecionar pedras diferentes, com formas, texturas e cores variadas.

— Elas reúnem verdadeiros tesouros.

— Então, por enquanto, temos o contexto fixo da cabana. Os usos de material não estruturado e do pátio ficarão restritos a sessões específicas.

— Precisamos de mais contextos na sala de referência.

— A gente podia colocar roupas para as crianças se vestirem e encenarem personagens. Não digo fantasia, mas roupas mesmo, entende? Incluindo acessórios como chapéu, óculos e outros elementos. As crianças criam pequenas esquetes, quer dizer, esquetes para nós, porque elas brincam e vivenciam cenas do cotidiano como grandes peça teatrais.

— Dá para desafiá-las a viverem personagens, como você falou, e criarem, com isso, histórias. Num dos espaços, eu repetiria outra coisa que tinha ano passado e deu certo: ter uns materiais gráficos.

— Para elas escreverem?

— Para experimentarem riscar coisas: uma caixa com areia destinada a criarem formas com os dedos, folhas de papel pardo, umas revistas e livros. Elas olham as imagens e inventam histórias. Conforme as DCNEIs, não vamos alfabetizar, mas é importante inserir a criança em espaços com elementos do mundo letrado[5].

— Pensando nisso, talvez a gente não cole o alfabeto em cima nem embaixo do quadro, porque é melhor o contato com o mundo letrado ainda ocorrer integrado a experiências reais, dotadas do máximo de concretude.

— Eu colava o alfabeto nos anos anteriores, mas, no ano passado, concluí ser hora de mudar.

4 HORN, Maria da Graça Souza; BARBOSA, Maria Carmen Silveira. *Abrindo as portas da escola infantil:* viver e aprender nos espaços externos. Porto Alegre: Penso, 2022.

5 As DCNEIs estabelecem as experiências que devem ser garantidas pelas práticas pedagógicas da educação infantil. Entre elas: "Experiências de narrativas, de apreciação e interação com a linguagem oral e escrita, e convívio com diferentes suportes e gêneros textuais orais e escritos" (Brasil, 2010, p. 25). Conforme a BNCC, "na educação infantil, a imersão na cultura escrita deve partir do que as crianças conhecem e das curiosidades que deixam transparecer" (Brasil, 2018, p. 42).

— Elementos com textos podem integrar um contexto investigativo. As crianças terão curiosidade e vão querer aprender.

— E se elas não se interessarem, não seremos nós a obrigá-las. Não é hora de forçar, mas de encorajar experiências.

— O que podemos usar como elementos riscantes?

— Giz de cera, carvão, caneta de retroprojetor, canetinhas coloridas, lápis colorido, lápis grafite. Umas coisas diferentes...

— Tecidos para criarem suas composições.

— Vamos ver o que a gente consegue. O importante é fugir do óbvio da visão tradicional de usar só caneta e lápis. Isso é muito sem graça para as crianças!

— Elas vão se sujar com carvão.

— E faz mal?

— Que nada! Falei por falar. As caixas com areia, a gente pode criar com papelão, se a escola não tiver caixas de plástico.

— Eu fiz assim no ano passado: peguei no mercado caixas vazias de detergente. O pessoal do mercado já me conhece e as guarda para mim. Além de riscarem na areia, as crianças podem enterrar objetos, por isso deixei as caixas com vinte centímetros de altura.

— Sabe do que mais eu gosto?

— Do quê?

— De um espaço para desenho de observação.

— Claro! Isso é ótimo. As crianças se comunicam muito pelos desenhos. Conhece aquele livro de Edith Derdyk? *Formas de pensar o desenho*[6]?

— Não conheço.

— A autora diz mais ou menos isto: para a criança, o desenho é mais do que simplesmente desenhar — é brincadeira, experimentação e uma forma de vivenciar as coisas do mundo.

— E tem tudo a ver com aquele campo de experiência da BNCC, "Escuta, fala, pensamento e imaginação"[7].

---

6 DERDYK, Edith. *Formas de pensar o desenho*: desenvolvimento do grafismo infantil. Porto Alegre: Zouk, 2015.

7 O campo de experiência mencionado é citado na p. 25 da BNCC e seu conceito é explicado na p. 42 do documento (Brasil, 2018, p. 25 e p. 42).

— Lembrei de um texto de Luciana Ostetto[8] sobre isso. Ela menciona o desenho como forma de comunicação. Lembro bem de a autora dizer que o desenho da criança é uma "produção carregada de significado"; ele deve valer por si mesmo, e não pela legenda que a gente atribui a ele. Isso ficou na minha cabeça: o desenho deve valer pelo desenho, pelo significado, e não pela legenda, pelo rótulo que eu colo nele.
— É uma forma de valorizar a produção da criança.

— Podemos dispor folhas de ofício em tamanho A4 e outros formatos, A3, papelão, papéis coloridos, cartolina.
— E pintar com lápis de cor, canetinha e giz pastel.

— Ah, giz pastel... Ele desliza bem.
— Acho que é caro...

— Vou pedir à coordenadora. Pedir não custa. Se ela conseguir, ótimo, se não conseguir, a gente usa outros materiais. Agora temos quatro contextos: cabana, espaço do simbolismo/jogo simbólico — com as roupas e adereços — materiais gráficos e desenho de observação.
— Humm...

— O que foi?
— Tem um contexto investigativo que eu ia querer muito, mas cinco é meio demais.

— A gente coloca e depois, se for preciso, tira um deles. Qual está faltando?
— Eu criaria um contexto numérico, com jogos, objetos. Deixaria os números expostos.

— A gente consegue calculadora e teclado de computador para brincarem.
— Peças e elementos para fazerem brincadeiras de somar e subtrair, comparar tamanhos, montar estruturas. Criar jogos com as crianças.

— Boa lembrança. Deixá-las brincar com esse tipo de material é imprescindível. Então vamos montar esses cinco contextos e ver o que acontece.
— Isso é só o começo! A gente pode criar espaços ao longo do ano a partir da curiosidade das crianças e retirar algum que não funcione bem.

— Assim que tivermos organizado a sala, poderemos receber as famílias.

8 OSTETTO, Luciana Esmeralda. Educação infantil e arte: sentidos e práticas possíveis. In: GUIMARÃES, Célia Maria (org.). *Educação infantil*: princípios e fundamentos. São Paulo: Cultura Acadêmica, 2011, v. 3, p. 27-39.

— A coordenadora falou das reuniões com as famílias na formação pedagógica, mas não entendi direito. Como funciona isso que vocês chamam de "rodas de conversa"?

A EDUCAÇÃO INFANTIL PRECISA DO APOIO DOS FAMILIARES

— Na primeira reunião, mostramos a sala de referência e falamos como a escola pensa agora a educação infantil. Reunimos as famílias e as deixamos andar pela sala, sentarem-se nas carteiras e almofadas, no tapete. Nós as estimulamos a ocuparem os espaços preparados para as crianças.

— Apresentamos a proposta pedagógica?

— Sim, e as deixamos se ambientarem no espaço. Nessa primeira reunião, as famílias perguntam, querem saber os detalhes de como funciona a educação infantil e quais serão os esperados efeitos da proposta.

— Pelo jeito como você falou, as outras reuniões são diferentes.

— Nas outras, a gente faz rodas de conversa mesmo. A ideia é as famílias serem também ouvidas, não no sentido de dizerem o que vamos fazer, mas no sentido de externarem inquietações e anseios relativos a seus filhos e filhas.

— A educação infantil precisa do apoio dos familiares. Eu lembro de ver isso na BNCC.

— Lá está escrito que é essencial haver o diálogo e o compartilhamento de responsabilidades entre a escola e as famílias[9].

— As famílias têm de participar de verdade. Não é só vir à escola e depois não fazerem nada em casa com as crianças.

— Precisam brincar, conversar, conviver.

—Geralmente fico nervosa. Nunca sei se vou dar conta dessas reuniões.

— A coordenadora nos ajuda. Não se preocupe! Todo mundo quer a mesma coisa: o melhor para as crianças.

— Não vejo a hora de conhecê-las. Que venham as crianças, então!

9 A BNCC afirma que, "para potencializar as aprendizagens e o desenvolvimento das crianças, a prática do diálogo e o compartilhamento de responsabilidades entre a instituição de Educação Infantil e a família são essenciais. Além disso, a instituição precisa conhecer e trabalhar com as culturas plurais, dialogando com a riqueza/diversidade cultural das famílias e da comunidade" (Brasil, 2018, p. 36-37).

3

O PLANEJAMENTO DAS SESSÕES INVESTIGATIVAS

— Como ficou a organização da sua sala?
— Me pareceu um pouco apertada.

— Pensou em eliminar um espaço?
— Quando as crianças estiverem todas realizando as investigações, pode faltar lugar.

— Daí você adapta. Além do mais, se um contexto gerar menos interesse, a gente o troca por outro. Acontece às vezes.
— E tem horas em que determinado contexto se esgota, as crianças perdem o interesse por ele.

— Mesmo se a gente problematizar, algum contexto pode não funcionar.
— Fiquei pensando muito nas nossas conversas.

— Eu também.
— Quanta coisa mudou em relação ao conceito de infância e à maneira como nos relacionamos com as crianças!

— Se eu penso em tudo o que se fazia com elas no passado... A gente evoluiu; pelo menos na maior parte dos lugares.
— Trocar ideias é essencial para seguirmos adiante.

— Faz a gente sair do lugar-comum. Eu não gosto de ficar para trás, já disse.
— Agora vem o desafio maior: trazer para nossa prática o que pensamos.

— Vamos planejar sessões investigativas tendo em mente a sociologia da infância. Reconhecer as crianças também como produtoras de cultura. Me ajuda, que é difícil.
— Estou revisando a BNCC, tem muita coisa sobre a qual a gente precisa pensar.

— Sim. Para começar, devemos assegurar os direitos de aprendizagem e desenvolvimento.
— A ideia dos contextos investigativos e dos nossos planos de investigação é oferecer situações em que as crianças desempenhem um papel ativo.

— Dentro de ambientes que as convidem a vivenciar experiências e a construir significados.
— Significados sobre si mesmas, sobre os outros e sobre o mundo social e o natural. Eu li isso na BNCC ontem. Lembro bem[1].

---

1 As práticas pedagógicas da educação infantil devem assegurar "as condições para que as crianças aprendam em situações nas quais possam desempenhar um papel ativo em ambientes que as

— No primeiro dia, a ideia deve ser acolher as crianças.
— Fazê-las se familiarizarem com a sala e os demais espaços da escola.

— Precisaremos trabalhar nisso a semana inteira. Aliás, o acolhimento, segundo se lê no *Diário do acolhimento na escola da infância*[2], faz parte de todos os dias, o ano inteiro.
— Aos poucos, a gente vai construindo uma rotina. Pensei que no início do turno eu poderia receber as crianças na entrada da sala e depois organizar uma assembleia com elas sentadas no tapete.

— Sim, eu fazia desse jeito. Gosto de conversar, ouvir como estão, se fizeram alguma coisa diferente, se querem contar uma experiência ou algo que tenham visto, aprendido. Depois explico como vai ser nossa rotina.
— Vamos sortear em qual contexto cada criança vai ficar?

— Eu deixo escolherem no início, mas estabeleço que cada espaço deve ter no máximo cinco crianças. Nas primeiras vezes, pode haver um pouco de dúvida, porque elas não conhecem os contextos, mas depois tudo se organiza e os espaços se tornam fluidos.
— E se alguma delas quiser trocar de contexto, você deixa?

— Eu digo que elas precisam combinar a troca com um colega. Não devem ficar em outro contexto sem que alguém lhes dê lugar e aceite ocupar o lugar deixado vago no outro.
— É mais uma forma de interagirem.

— Quanto tempo você pensa em ficar nas práticas?
— Uns cinquenta minutos.

— Depois já vai ser hora do lanche.
— E no dia seguinte, a criança continua no mesmo contexto?

— No início, prefiro que troquem de tempos em tempos, a fim de conhecerem tudo. Depois, se for o caso, decidimos se poderão ficar mais de um dia no mesmo espaço.
— A gente as deixa brincarem livremente nos contextos?

— Algumas começam a brincar logo de cara, outras precisam que a gente incentive. As crianças também ajudam propondo brincadeiras nos contex-

---

convidem a vivenciar desafios e a sentirem-se provocadas a resolvê-los, nas quais possam construir significados sobre si, os outros e o mundo social e natural" (Brasil, 2018, p. 37).

2 STACCIOLI, Gianfrancesco. *Diário do acolhimento na escola da infância*. Campinas: Autores Associados, 2013.

tos. Eu brinco, me envolvo com as crianças no decorrer de todo o ano, mas principalmente quando estão chegando nesse novo lugar, nessa nova sala de referência. Aos poucos, elas ficam cada vez mais à vontade.

— Verdade. No começo, é bom deixá-las se ambientarem. Depois do lanche, a gente leva as crianças ao pátio?

— Sim, vamos dar liberdade para explorarem os espaços e brinquedos. Mas interajo com elas no pátio, faço brincadeiras, sabe?

— Isso também está previsto na BNCC[3].

— Enquanto a gente observa as interações e brincadeiras das crianças, é possível identificar a expressão dos afetos, as frustrações... e como resolvem conflitos.

— É bom a primeira semana ser leve e acolhedora. Depois a gente planeja atividades mais específicas.

— Tomara que os alunos... opa! Tomara que as crianças gostem!

* * *

— Ufa! A primeira semana sempre é tensa. Quanta coisa acontece!

— Se a gente tem dificuldade em se adaptar, imagina as crianças! Tem muita criança nova na escola neste ano.

— As turmas são grandes. Algumas crianças choraram com saudades de casa.

— E não surgiram discussões? Na minha turma, há umas crianças que ainda resistem a compartilhar brinquedos; deu choro por causa disso. Precisei ficar atenta.

— Foi muito bom ter a cabana como espaço de conversa para algumas crianças. Os outros contextos funcionaram bem?

— Houve algumas dificuldades no início. Já eram esperadas. Crianças que só queriam ficar no desenho, outras iam trocando sem fazer os combinados. Uma menina não quis sair do contexto numérico. Vou tentar de novo na próxima semana. O contexto do desenho de observação funcionou bem. As crianças fizeram várias coisas a partir dos meus comentários ou do que

3 "A interação durante o brincar caracteriza o cotidiano da infância, trazendo consigo muitas aprendizagens e potenciais para o desenvolvimento integral das crianças. Ao observar as interações e a brincadeira entre as crianças e delas com os adultos, é possível identificar, por exemplo, a expressão dos afetos, a mediação das frustrações, a resolução de conflitos e a regulação das emoções" (Brasil, 2018, p. 37).

elas próprias desejavam. Ficaram muito envolvidas com um joão-de-barro num poste em frente à escola e desenharam o ninho e o pássaro.
— O contexto do grafismo funcionou melhor do que eu imaginei. Mesmo sem saber ler, algumas crianças pegam os materiais e simulam a leitura. Passam um tempão inventando histórias com base nas ilustrações e fotografias. Quase todas se envolveram no contexto das roupas. Certo dia, até permiti mais de cinco; na verdade, deixei a turma toda participar desse contexto. Fizeram quase uma peça de teatro improvisando papéis e inventando cenários: escola, hospital. Teve de tudo.

— O que você acha de propormos uma investigação sistematizada sobre algo do interesse das próprias crianças?
— Eu pensei nisso. Algumas crianças viram a lua quando foram ao pátio e ficaram falando, se perguntando como podia haver lua de dia. Achavam que a lua só aparecia à noite.

— Na minha sala, começaram a brincar de "O chão é lava". As crianças se reúnem. Quando uma delas grita: "O chão é lava!", todos precisam subir em algo, cadeira, almofada, mesa, para fugir do chão. Pedi para me dizerem de onde vinha a lava. Não sabiam. Eu disse para pesquisarem e me contarem. Eu queria entender a brincadeira. No outro dia, vieram me falar sobre os vulcões.
— Eu perguntei como a lua podia ficar no céu. Carolina me respondeu de imediato: "Ela tem asas, senão não tinha como ficar voando lá em cima". "Voando?", eu perguntei. "Ela fica se mexendo", Carolina respondeu. Quando perguntei o que era o desenho que aparecia na lua, Pietro disse serem buracos feitos por mosquitos.

— Mosquitos?
— Paulo disse: "Mosquito não voa tão alto!". Achei curioso, e Pietro, depois de pensar por um segundo, disse: "Um mosquito foi com os astronautas, tava no foguete. Daí chegou na lua e picou ela".

— Que lindo!
— Eu perguntei onde ele aprendeu sobre os astronautas. Várias crianças saíram do lugar e participaram da conversa. Algumas tinham ouvido alguém ler um livro, outras, assistido a desenhos animados ou a programas na tevê.

— A astronomia mexe com a imaginação. Temos livros sobre o tema na escola. Costumo contar as histórias e mostrar as ilustrações às crianças.
— Fiz isso com um livro sobre a lua. As crianças se aproximaram, e logo a turma inteira falava de foguetes e de viagens no espaço.

— Júlia disse que a lava é como o sangue da Terra e escorre porque as pessoas machucam o planeta. Você acredita?
— De onde vêm essas ideias?!

— Carlos disse que não, que não era sangue: "É ferro derretido, o meu pai falou". Ficaram debatendo um tempo. Talvez possa ser um tema de investigação. Mas ainda vamos precisar ver...
— Tudo isso é muito interessante.

— Pode ser necessário esperar mais um pouco. Esse era o interesse de um grupo. Todos os dias, as crianças trazem referências externas para dentro da escola nas suas brincadeiras, mas isso não quer dizer que qualquer assunto vá se constituir na pesquisa da turma. Prefiro fazer sessões investigativas dirigidas sobre um tema quando a proposta surge do interesse duradouro de um número maior de crianças.
— Leva tempo até a gente identificar o fio condutor de uma pesquisa. Mas a investigação tem de ser a vez e a voz das crianças.

— Isso aí também é título de um livro?
— Sim, da Adriana Friedmann[4]. Segundo ela, a gente deve "ouvir" com atenção o que dizem as crianças. Ouvir não só as palavras, o que nos vem pela linguagem verbal, mas todos os seus modos de expressão: os gestos, os olhares, os movimentos...

— No ano passado, todo mundo falava da dengue. Então propus investigarmos. Abrimos as pesquisas para contemplar insetos em geral e vimos que

4 FRIEDMANN, Adriana. *A vez e a voz das crianças*: escutas antropológicas e poéticas das infâncias. São Paulo: Panda Educação, 2020.

muitos deles são benéficos aos seres humanos. Investigar foi construtivo porque o tema e a pesquisa surgiram do interesse da turma.
— Verdade! É cedo ainda. Vamos esperar um pouco. Enquanto isso, o que vamos planejar para a próxima semana?

— Quero me organizar e começar a documentação pedagógica. Na primeira semana, não consegui. Foi uma correria dar conta de vinte crianças. Agora elas já se sentem mais à vontade e pertencentes ao grupo, por isso vou documentar algumas propostas.
— Dá uma trabalheira... mas é fundamental.

— Quando começou essa história de documentação pedagógica, achei que ia surtar, sabia? A coordenadora nos reuniu várias vezes, disse que falaríamos disso até encontrarmos um jeito de fazer dar certo sem sobrecarregar ninguém.
— É bom ter uma coordenadora que compreende nossa rotina. Eu leio livros com exemplos de documentação pedagógica. Tem aquele da Júlia Oliveira-Formosinho e da Christine Pascal, *Documentação pedagógica e avaliação na educação infantil*[5]. Também sigo professores que compartilham exemplos nas redes sociais e me fazem pensar.

— Achei que ia passar o tempo todo registrando, escrevendo. Eu ia ficar louca! Nas reuniões, a gente combinou, a cada dia, anotar o que um grupo de crianças fez, como interagiam com os colegas e com os materiais. A cada dia um pouco.
— A questão é entender a importância da documentação.

— E fazer aos poucos e de maneira concentrada. Não podemos documentar tudo o que acontece o tempo todo.
— Também pensei em concentrar a atenção num grupo. Se cada dia documentarmos as práticas de quatro crianças, no fim da semana, teremos registros de todas as vinte.

— Ou podíamos focar num contexto esta semana, sabe? Claro, se der, eu documento algo que tenha ocorrido em outro, mas é uma possibilidade. Assim, não documentamos algo sobre todas as crianças, só sobre aquelas realmente envolvidas naquele contexto.
— É uma ideia diferente. Pode dar certo. Vou começar pelo contexto das roupas. Há sempre umas crianças bem envolvidas. Elas criam personagens, inventam brincadeiras em que estão trabalhando como médicas, co-

5 OLIVEIRA-FORMOSINHO, Júlia, PASCAL, Christine. *Documentação pedagógica e avaliação na educação infantil:* um caminho para a transformação. Porto Alegre: Penso Editora, 2018.

zinheiras. Um menino colocou o chapéu, pegou a vassoura e passou trinta minutos brincando de rodeio. Perguntei, e ele disse que tinha ido a um rodeio nas férias, até montou num cavalo junto com o pai.

— Vou começar com o desenho de observação. Ano passado, tirei fotos. O que você acha?
— Não sei se são necessárias muitas fotos; algumas ajudam as famílias a fazerem ideia mais precisa do que de fato acontece no cotidiano da escola. Mas só se for possível.

— Certo. Vamos revisar nosso planejamento da semana?

* * *

— Outro dia, peguei um livro e disse que queria contar uma história. Pensei na hora, porque uma menina confessou estar com sono antes do horário de descansar. Lembrei do livro *A casa sonolenta*[6] e o retirei na biblioteca. A turma se sentou em volta e eu li. Conversamos sobre a história, mas um grupo pediu para ir à cabana brincar. Deixei. Quando vi estavam imitando as cenas da obra.

— Sempre é bom quando o nosso planejamento vem ligado ao que acontece com as crianças.
— Uma sala com crianças é um lugar muito complexo.

— Por isso precisa de nós: estudamos o desenvolvimento infantil, suas relações com o mundo e como o ensino e a aprendizagem ocorrem nas infâncias.
— Ser professora exige um olhar atento. Podemos documentar algumas coisas que acontecerem no pátio e em outros espaços.

— A BNCC recomenda acompanhar diferentes momentos e sugere a documentação em relatórios, portfólios, fotografias, sempre a partir dos próprios desenhos e trabalhos feitos pelas crianças[7].
— Primeiro, vou fazer a documentação em tópicos, depois organizá-la em mini-histórias.

— Podemos fazer pequenos vídeos. Você disse mini-histórias. Comprei o livro que Paulo Fochi[8] organizou sobre a experiência das mini-histórias nas escolas do Observatório da Cultura Infantil, o OBECI.

---

6 WOOD, Audrey. *A casa sonolenta*. São Paulo: Ática, 2009.

7 Brasil, 2018, p. 39.

8 FOCHI, Paulo (org.). *Mini-histórias:* rapsódias da vida cotidiana nas escolas do Observatório da Cultura Infantil - OBECI. Porto Alegre: Paulo Fochi Estudos Pedagógicos, 2019.

— Podemos ver como esse autor conceitua as mini-histórias para entender como fazer os registros. Sigo várias escolas nas redes sociais que postam mini-histórias.

— Eu não posto nada porque fico com receio de expor as crianças.
— Também não posto nada em minhas redes pessoais, mas é legal a escola publicar imagens de trabalhos das crianças. É importante as pessoas verem o que a gente faz.

— Podemos levar essa ideia à coordenadora na próxima reunião. A escola, para fazer isso, precisa da autorização expressa das famílias. E nós precisamos estar sempre atentas aos direitos de imagem, além da necessária proteção à infância.
— Verdade. A autorização para podermos divulgar alguma foto das crianças precisa ser, inclusive, assinada. As postagens são boas ferramentas para as famílias visualizarem as realizações das crianças e o nosso jeito de pensar a educação infantil.

— Algumas coisas eu coloco de forma mais objetiva, em tópicos. Há situações que a gente documenta para nós mesmas . Não precisamos entregar tudo às famílias.
— Depois a gente decide o que entregar e qual é o melhor formato.

— Mas adianto que não gosto daquelas tabelas que a gente fazia em anos anteriores, sabe?
— Tipo quando a gente marcava "x" para afirmar se a criança atingiu ou não determinada quantidade de objetivos?

— Não tenho nada contra tabelas e listas, mas estou numa fase em que prefiro contar o que acontece na sala. Documentar desse jeito me ajuda a refletir sobre as experiências, dar sentido a elas e pensar o que pode ser aperfeiçoado.
— É verdade. Mas será que a coordenadora não vai querer que a gente preencha uma tabela mais objetiva?

— No ano passado, não fizemos tabela. Só um parecer descritivo. Isso, com certeza, ela vai querer. Mas é bom perguntar. Além disso, vamos procurar saber também se ela quer que a gente faça a documentação do mesmo modo do ano anterior.

4

DOCUMENTAÇÃO PEDAGÓGICA

— Professoras, adorei o trabalho de vocês. As salas ficaram dinâmicas e convidativas. É possível ver que tudo foi feito com intencionalidade educativa. Foi uma ótima primeira semana. Parabéns!

— Obrigada, coordenadora.

— A gente combinou, nesta semana, problematizar um pouco mais. Queremos que as crianças experimentem mais a fundo as possibilidades dos contextos.
— Um familiar disse estar impressionado com tudo o que rendem os contextos investigativos. A filha sempre tem coisas a contar sobre o que faz na escola.

— A gente também escuta isso dos familiares quando eles vêm buscar as crianças. Tem gente que não entende bem no início, mas, com o tempo, a resistência tende a se transformar em compreensão e colaboração.

— Ou a, pelo menos, se atenuar. Muitos familiares ainda cobram que a pré-escola ensine a ler, escrever e calcular de modo explícito e direcionado, sem considerar tudo o que as crianças podem aprender pela exploração do mundo e na relação com suas iguais.
— Eu entendo. Talvez isso ocorra em decorrência do fato de terem vivenciado a educação infantil em outro modelo.

— Tenho tido boas experiências ao dialogar com as famílias. A tendência é, após conversarmos, compreenderem como se dá esse novo modo de pensar e de aprender em novos termos.
— O que vocês estão fazendo é um jeito eficiente de ensinar por meio da experimentação. Contem com meu apoio. Vão começar a documentar? Quando?

— Sim, vamos. A gente conversou e decidiu documentar um grupo ao longo de cada semana.

— Ótimo, assim vocês não se sobrecarregam com os registros e podem dar toda a atenção necessária às crianças.

— Inclusive eu queria perguntar uma coisa: podemos fazer os registros também como mini-histórias? Quer dizer, contar o que aconteceu, inserir diálogos com as crianças para mostrar o que elas disseram, registrando suas falas autênticas?

— Você fez assim no ano passado, não fez?

— Sim, comecei a documentar desse jeito. Antes a gente preenchia uma ficha, com tópicos a serem marcados. Não era documentação, e sim avaliação para, depois, emitir parecer.

— O conceito de documentação é outro.

— *Claro, podem fazer fôlderes, livretos, organizar fotografias. Você se lembra de uma formação pedagógica em que discutimos esse tema?*

— A gente leu um capítulo do livro *Qualidade na educação da primeira infância*: perspectivas pós-modernas[1].
— *Isso mesmo.*

— Eu lembro de ler que a documentação faz a gente ser co-construtora da vida das crianças.
— *Documentar significa escolher. Ao fazermos escolhas, mostramos o que a gente considera importante na prática pedagógica.*

— Então fica combinado que a documentação incluirá mini-histórias.

— *Vamos definir qual será o formato do arquivo. Eu acho bom fazer dentro de um arquivo de* slides. *Assim fica formatado de modo que o texto e as fotos dialoguem entre si, e é mais fácil, depois, para enviar às famílias aquilo que for selecionado e, se for o caso, imprimir de um jeito bonito.*

— Vou começar com um arquivo de texto para ser mais rápido. Depois, a gente cria um modelo de *slides* com o logotipo da escola e mostra como ficou a documentação uma para a outra quando ela estiver pronta.
— *Combinado.*

— Os trabalhos das crianças, a gente os reúne depois em uma pasta.
— *Não precisa documentar tudo. Podemos selecionar e encadernar. Fica mais fácil para as famílias manterem o registro.*

— É legal não termos a obrigação de arquivar tudo nessa pasta. Algumas coisas ficam impossíveis de registrar assim, e outras não precisam ser arquivadas.
— *Vocês entregaram às crianças a ficha com o nome delas?*

— Entregamos assim que começaram a nos pedir.
— E lemos aquele livro da toupeira que coloca ficha em tudo e encontra o jacaré.

— *Perigoso?*[2].

— Esse mesmo.

---

1 DAHLBERG, Gunilla; MOSS, Peter; PENCE, Alan. *Qualidade na educação da primeira infância*: perspectivas pós-modernas. Porto Alegre: Penso, 2020, p. 193

2 WARNES, Tim. *Perigoso.* São Paulo: Ciranda Cultural, 2018.

— As crianças gostaram?

— Tanto que queriam colar uma etiqueta em todos os objetos da sala. Pedi para esperarem, pois faríamos isso mais tarde.
— Entregamos a cada criança o nome na ficha e explicamos que elas serviriam para assinar os trabalhos. Fizemos uma caixa e organizamos as fichas de modo a facilitar a localização dos nomes. Depois de assinar, todas deviam levar a ficha ao lugar determinado.

— Ótimo. Elas fazem questão de assinar os trabalhos. Não há nada de errado em deixarmos fazerem isso. Antes que eu me esqueça, precisamos emitir um parecer semestral.

— Como é esse parecer?

— A gente faz um texto dissertativo abordando os objetivos de aprendizagem e desenvolvimento e os campos de experiência da BNCC. Me ajuda, professora...

— Começamos com um parecer coletivo. Falamos como é a turma, apresentamos os projetos desenvolvidos no semestre e explicamos o que a criança já sabe fazer bem.
— Principalmente o que a criança já sabe fazer bem. É claro que podemos registrar no que ela precisa melhorar, mas a gente prefere deixar isso reservado às conversas com as famílias.

— O diálogo é o melhor caminho para abordar questões sensíveis.

— Exato. Por isso preferimos que os pareceres abordem sempre o que é positivo.

— Tem um parecer do ano anterior para ser usado como exemplo?

— Claro, eu te mando.
— Vocês precisam de algum material a mais?

— A gente pediu giz pastel.
— Estamos vendo. É um material caro, mas vale a pena e vamos tentar conseguir. As crianças se adaptaram bem aos horários? Algumas famílias estão trazendo as crianças com atraso, sabem como é...

— No começo é assim mesmo. A monitora tem me ajudado a receber as crianças que vêm depois de a rotina já ter começado. Está funcionando.

— A ideia da primeira semana era acolher e receber bem as crianças. Manteremos essa proposta. A diferença é que vamos, pouco a pouco, incorporando novas experiências.

— Se precisarem de mim, me chamem. Vou vir de vez em quando ver se tudo está correndo bem. Ah! E o pátio? Precisam de uma ajuda? Vi que houve uns desentendimentos entre algumas crianças.

— Houve, sim, mas dentro do esperado. A gente interveio quando precisou e tudo entrou nos eixos.

— Certo, a gente vai se falando.

— Você trouxe um caderno novo?
— É para fazer o rascunho da documentação pedagógica.

— Vamos a ela!

* * *

— Nós duas começamos com a apresentação da sala e a descrição dos contextos.
— Você falou da questão da acolhida não ocorrer só na primeira semana, mas ao longo do ano inteiro.

— Posso ver como você escreveu para fazer uma ideia dessa documentação?
— Claro!

DESCRIÇÃO DA SALA E DAS ATIVIDADES

Acolhida: Recebo as crianças na sala. Elas penduram suas mochilas e se dirigem ao espaço da assembleia. A assembleia é o momento de conversar e de ouvir a rotina do dia. Todos nós nos sentamos em círculo no tapete. Cada criança é convidada a contar algo que tenham vivido, e as demais são orientadas a ouvir. Depois disso, organizamos a rotina da tarde, fazemos a escolha dos ajudantes do dia. Cada ajudante recebe seu nome em uma folha e o fixa no mural. Explico a organização dos grupos e o que temos de proposta para aquele turno. Leio os recados, e as crianças se encaminham para os contextos de acordo com o que têm para o turno.

— Eu escrevo na 3ª pessoa. Não achei que pudéssemos escrever assim, em 1ª pessoa. Mas gostei, sabia?
— Também gosto, aproxima.

— Olha como eu escrevi sobre o lanche:

LANCHE

Depois da higienização das mãos, a turma retorna à sala de referência. Nesse espaço, cada criança busca sua lancheira e senta-se nas mesas da sala ou no chão (no espaço organizado com a toalha de mesa). Em seguida, com o auxílio da professora, todas se organizam para lanchar. Nesse momento, as crianças conversam, interagem, alimentam-se. Para tornar o ambiente mais aconchegante, a turma gosta de lanchar ouvindo música. A professora seleciona as músicas de acordo com as sugestões das crianças. Assim que finalizam sua refeição, de forma autônoma, guardam suas coisas e deitam-se em colchonetes para relaxar, até os colegas terem terminado.

— Ficou ótimo!

— Você acha mesmo?
— Claro! Não importa se está em 1ª ou 3ª pessoa, o que importa é mostrar de forma clara o que fazemos na escola. O que você escreveu ficou perfeito.

— Como você escreveu sobre a saída?
— Assim:

SAÍDA

Inicio o momento da despedida trinta minutos antes do fim do turno. As crianças auxiliam na organização dos contextos investigativos da sala e de seus pertences. Durante a organização, guardam suas garrafas, arrumam as mochilas e levam o lixo no lixo. Peço que verifiquem se não esqueceram algum objeto. Depois, vamos até a entrada da escola, nos sentamos nos bancos organizados para cada turma e aguardamos a chegada das famílias.

— Certo, é simples e claro. Não precisa mais do que isso.
— Com certeza não.

— Falta vermos a questão da semana de acolhida. Você até colocou citação! Posso ler?
— Claro. Posso te enviar por *e-mail*, se você quiser.

PERÍODO DE ACOLHIMENTO

O período de acolhimento na educação infantil acontece em todos os dias e momentos do ano, a partir da chegada da criança e da família à escola. O acolhimento é o cuidado, o olhar atento para cada um(a), para aquilo que a criança manifesta em palavras ou atitudes no seu dia a dia. Como diria Zilma Moraes, "educar e cuidar são formas de acolher"[3]. No entanto, esse educar e cuidar precisam estar carregados de intencionalidade, precisam buscar ampliar o universo cultural das crianças de modo que lhes sejam oferecidas condições de compreender eventos e fatos da realidade, habilitando-as a agir de modo transformador.

Esse foi o trabalho realizado desde que as crianças chegaram à escola, na busca da construção de relações afetivas, algo primordial para sua aprendizagem e desenvolvimento integral. Por isso, nas primeiras semanas, nos concentramos no conhecimento da sala de referência, na descoberta das materialidades que compõem os espaços da escola e na construção dos vínculos entre as crianças e entre as crianças e as professoras.

— Escrevi uma coisa sobre a turma, como um todo.

— Essa parte sou eu que quero ver.

— Vou mandar por mensagem agora mesmo.

SOBRE A TURMA

As crianças que compõem a turma da pré-escola são curiosas sobre as coisas à sua volta e gostam de saber o que farão no seu turno na escola. Houve algumas práticas para conhecer a individualidade de cada um(a) e tem-se respeitado tanto as crianças extrovertidas, quanto aquelas que, por enquanto, preferem se manter mais quietas. No entanto, todas são incentivadas a interagir com as outras, o que tem ocorrido com a intervenção da professora. O compartilhamento dos materiais da sala de referência, às vezes, precisa de intermediação, mas, em geral, as crianças trocam os materiais e se revezam no uso dos espaços.

3 RAMOS DE OLIVEIRA, Zilma. *Educação infantil*: fundamentos e métodos. São Paulo: Cortez Editora, 2018.

— Você também escreveu sobre o episódio da lua! Legal. Vou deixá-lo de fora porque é específico da sua turma.
— Eu quis colocar porque achei representativo da curiosidade das crianças. Mesmo que a gente não investigue esse assunto, fica o registro.

— É importante registrar esse tipo de coisa.

A CURIOSIDADE SOBRE A LUA

A turma estava organizada em pequenos grupos, desenhando o tema livre no caderno de desenho. Vicente pediu que eu ficasse do seu lado. Então me posicionei perto dele. Notei seus traços arredondados e perguntei em que eles se transformariam. Vicente ergueu os olhos e disse:

— É a lua lá do céu.

Helena levantou e foi olhar o desenho do colega. Ela disse:

— Eu tenho um livro, uma história da lua cheia. O lobisomem aparece.

Vicente perguntou:

— Tem lobisomem na lua cheia?

Helena confirmou:

— Ele aparece quando a lua cheia tá no céu. Eu vou trazer o livro da história, mas acho que não tá nessa casa que eu moro agora.

Outras crianças se aproximaram e participaram da conversa.

— Eu vi um filme com um lobisomem peludo assim — disse Augusto fazendo gestos na tentativa de indicar que o lobisomem tinha pelos por todo o corpo.

Aproveitei o assunto e perguntei:

— A lua é sempre cheia?

Se olharam. Não sabiam responder. Deixei a pergunta em suspensão e pedi que olhassem para o céu, tanto de dia quanto à noite, e depois contassem o que tivessem visto.

No dia seguinte, Tiago viu a lua no céu durante o tempo no pátio e quis saber por que ela aparecia de dia. A curiosidade das crianças pareceu aumentar, mas preferi, em vez de explicar, propor que perguntassem aos familiares, a fim de ver se alguém traria a resposta. Durante as assembleias no início dos turnos, algumas crianças tinham elementos para responder à pergunta sobre a lua — haviam perguntado em casa, se lembravam das informações e as apresentaram à turma. Contei uma história da tradição oral sobre o tema e li um livro[4] em voz alta. Mostrei imagens da internet, bem elucidativas das fases da lua.

— Fiz algo parecido quando estavam brincando de "O chão é lava", mas registrei isso na ficha individual da criança que iniciou a investigação sobre o assunto.

— Como você fez o registro específico de cada criança?

— Por enquanto, escrevi sobre um grupo pequeno, como a gente tinha combinado. Comecei com uma introdução que vou usar na documentação de todas as crianças, depois criei uma mini-história sobre um episódio ocorrido na sala. Podemos aproveitar muita coisa nos pareceres depois. Vou mostrar o que escrevi:

NOME: SÉRGIO ROBERTO DE SOUSA

O aprender está relacionado ao olhar, ao ver e ao sentir. A aprendizagem precisa perpassar esse lugar do conhecido. Por dias, Sérgio esteve envolvido com diversas brincadeiras, como o caso de "O chão é lava". A professora levou-o a pensar o que era a lava e de onde ela vinha. Sérgio disse ter perguntado aos familiares, e parte da turma também se interessou em ouvir o que ele havia descoberto, bem como procedeu da mesma maneira: pesquisou junto à família sobre lava e vulcões.

A professora aproveitou que Sérgio estava no grupo do contexto do desenho de observação e sugeriu desenharem um vulcão e a lava. Sérgio foi além, desenhando a sala de referência.

— A lava tomou conta de tudo — disse quando a professora perguntou do que o desenho tratava.

4 A título de exemplo, citamos a obra seguinte: TECKENTRUP, Britta. *Lua*: a noite por todo o mundo. Trad.: Monique D'Orazio São Paulo: Ciranda Cultural, 2018.

Sérgio mostra-se comunicativo, tendo bom relacionamento com todos os colegas.

A professora o incentiva a participar da organização dos materiais da sala, ajudando-o a se ver como corresponsável pela manutenção do espaço.

Numa situação em que as crianças brincavam explorando os brinquedos da sala, Sérgio e outras quatro crianças escolheram brincar na cabana. Nesse espaço, as crianças inventam tudo o que a imaginação permite. Elas podem usar a cabana para descansar ou ficar sozinhas. Também a chamamos de "espaço de intimidade".

Enquanto brincavam, Amanda percebeu que o cadarço do seu tênis estava desamarrado. Antes que pudesse pedir para a professora amarrá-lo, Sérgio se prontificou a fazê-lo:

— Eu vou te mostrar como é — disse.

Sérgio se abaixou e mostrou para Amanda:

— Primeiro faz um nó assim — e fez o nó no cadarço —, depois os lacinhos, passa um por baixo do outro e pronto.

Amanda também se abaixou e desamarrou o cadarço do outro pé para verificar se tinha aprendido. Tentou fazer como Sérgio ensinara, mas não conseguiu.

Sérgio amarrou o outro cadarço e repetiu a explicação.

A professora perguntou quem o havia ensinado a amarrar os cadarços. Esperava ouvir que fora um familiar, mas Sérgio disse:

— Foi o Leo — e apontou para o colega Leonardo.

As crianças aprendem umas com as outras, e foi emocionante ver a generosidade de Sérgio em tentar repassar o que tinha aprendido, sua prontidão em auxiliar a colega e a paciência que demonstrou ao explicar-lhe o passo a passo da operação, para não falar do fato de ter reconhecido quem lhe transmitira o conhecimento que ele agora divide.

— Achei muito bom. Quero colocar o relato do aprendizado entre as crianças na parte geral, para ficar como registro de todas elas.

— Boa ideia.

— Você escreveu bastante sobre Sérgio. A ideia é escrever tudo isso sobre cada criança?

— Não. Reconheço ter me empolgado um pouco. As tabelas de marcar "x" eram mais fáceis de preencher, davam menos trabalho.

— Não acho que esteja errado, sabe? Há vários jeitos possíveis de registrar o que se faz na escola. Mas, na forma de tabela, a gente não documenta as coisas, apenas avalia.

— Não vamos escrever tudo o que acontece, mas focar no que é relevante, como essa história do cadarço.

— As famílias poderiam ouvir isso da gente, mas deixar documentado significa registrar a história da criança.

— Podemos criar uma tabela com tópicos objetivos em algum outro momento, se for o caso. Talvez no parecer...

— Você acha que seria bom?

— Por enquanto, vamos seguir com as mini-histórias, cada uma escreve do seu próprio jeito e fotografa para ilustrar o que estamos fazendo. O parecer a gente discute mais tarde. Olha só as fotos que tirei!

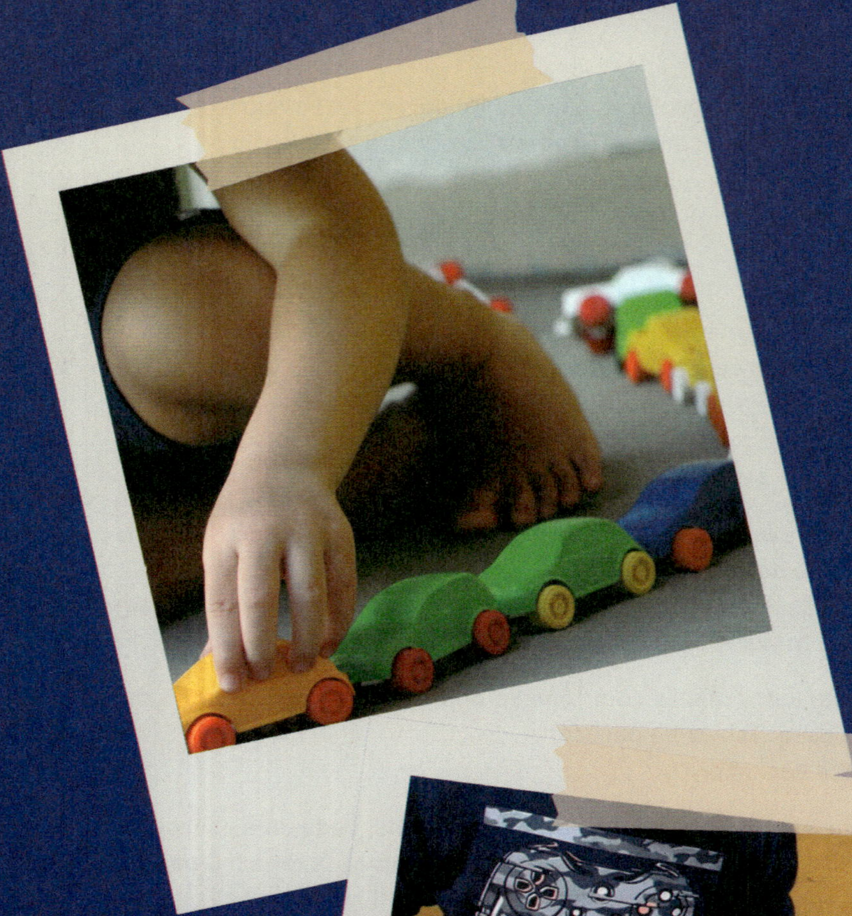

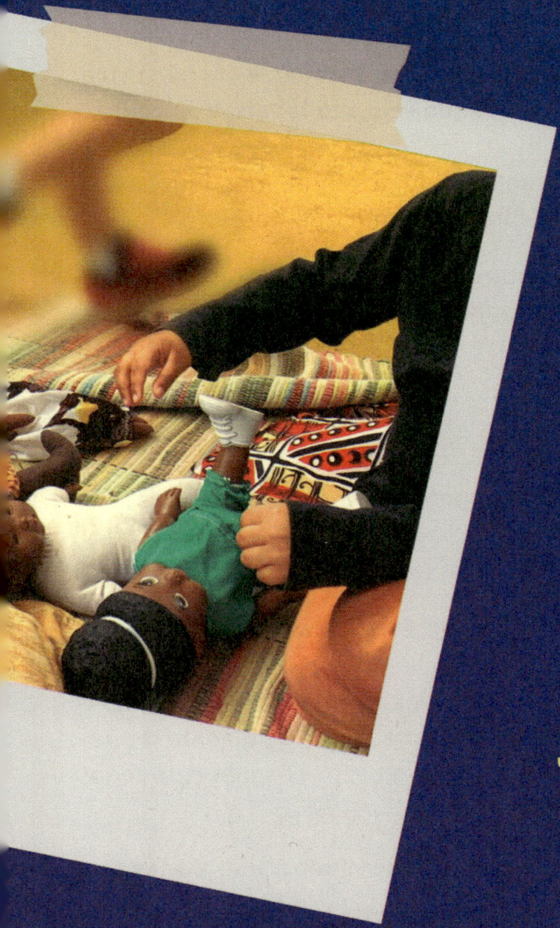

5

O TEMPO DA CRIANÇA

— João só quer ficar no contexto numérico. Já é a terceira semana. Não sei mais o que fazer.

— Estou na mesma situação com Martina. Peço para trocar, e ela não troca. Se consigo convencê-la a fazer a troca, quando vejo, ela já voltou ao contexto que mais lhe prende a atenção.

— Convidei João, o acompanhei no contexto do desenho, mas logo ele se mostrou entediado. Não fez nada durante cinquenta minutos.

— É necessário as crianças experimentarem todos os contextos.

— Concordo totalmente. Não é interessante ficarem apenas num, ou deixarem de experimentar alguns deles.

— O que a gente faz?

— Sabe que eu fiquei pensando?

— Humm... eu também. Vamos ver se chegamos a conclusão parecida?

— Fale você primeiro.

— Vamos escrever num papel.

— Você escreveu: "Tempo da criança". Eu escrevi: "Talvez a gente precise esperar". Estamos sintonizadas.

— Devemos continuar fazendo as crianças brincarem em diferentes contextos. João e Martina produzem bastante conhecimento no contexto numérico, brincam no pátio, são autônomos no lanche, interagem com todos os colegas. Não sei se precisamos insistir na troca agora.

— Martina me pediu para brincar de mercadinho, queria que eu fosse a caixa, com a calculadora.

— Ótimo. Esse é um dos campos de experiência da BNCC: espaços, tempos, quantidades, relações e transformações[1].

— Algumas crianças até colocaram preço em uns brinquedos expostos nas prateleiras do mercado.

— João gosta de ficar na calculadora e de brincar com o dominó. Mas resiste a explorar e a conhecer outros contextos. Isso me intriga, mas vou tentar deixar as coisas se encaminharem naturalmente.

---

1 Segundo a BNCC, a "educação infantil precisa promover experiências nas quais as crianças possam fazer observações, manipular objetos, investigar e explorar seu entorno, levantar hipóteses e consultar fontes de informação para buscar respostas às suas curiosidades e indagações. Assim, a instituição escolar está criando oportunidades para que as crianças ampliem seus conhecimentos do mundo físico e sociocultural e possam utilizá-los em seu cotidiano" (Brasil, 2018, p. 43).

— As crianças mudam.
— Outra coisa que João adora são os brinquedos de montar.

— Martina se pôs a desmontar, acredita? Tentou abrir a calculadora para ver o que havia lá dentro.
— E conseguiu?

— Quando vi, ela já estava com dois pedaços, um em cada mão. Minha primeira reação foi correr e montar de novo, depois fiquei com dor na consciência de tentar impedir o movimento exploratório dela.
— Hahaha! Nem sempre a gente reage na hora e do jeito mais adequado. Eu faria o mesmo por receio de ela colocar alguma peça na boca. Acontece. E depois?

— Fiquei arrependida de não ter explorado a questão com a turma toda, conduzido a pensarem como a calculadora funciona ou mesmo produzirem uma história sobre isso. Olha aí! Vou fazer isso amanhã: desmontar a calculadora com Martina e sugerir que ela desenhe e me conte uma história sobre o que vem dentro da calculadora e como será que ela funciona. Quem sabe assim ela se interesse por outro contexto?
— Preciso encontrar uma ideia assim para usá-la com João.

6

APROVEITAR A CURIOSIDADE DAS CRIANÇAS

AMANHÃ QUERO VER QUEM É QUE CONSEGUE RESPONDER SE PINGUIM TEM PENA.

— Professora, o que é aquilo que todo mundo tá olhando?

— Que tal a gente perguntar a seus colegas? Pessoal, o que vocês tanto olham? Tereza me perguntou e eu não sei responder.
— É um passarinho, professora. Olha! Lá no alto do poste.

— É um joão-de-barro. Meu pai falou que eles constroem ninhos de terra e são marrons.

— E como é que ele constrói se não tem mãos?
— Com o bico, professora. Mas ele não tá lá agora, saiu pra pegar terra pro ninho.

— Ontem a casa dele era bem menor. Ele tá trabalhando bem rápido.

— Será que é ele ou ela?
— É ele, porque o nome é joão-de-barro.

— A mulher dele se chama como?

— Não sei. Será que é maria-de-barro?
— Deve ser joana-de-barro. Combina com João.

— Minha mãe é arquiteta, ela faz o desenho das casas. A mulher do joão-de-barro deve explicar como quer que a casa seja.

— Humm... será que ela não ajuda a trazer os grãozinhos de terra para construir a casa?
— Não ia ser mais fácil fazer de palha? Tem uma árvore lá em casa com um ninho de pedacinhos de folha. Tem uma pomba cinza sentada dentro. Nem dá pra ver a pomba direito.

— Por que não?
— Porque ela é da mesma cor do ninho. Minha mãe me disse pra olhar, daí eu vi. O ninho tá no alto da palmeira, na janela do meu quarto.

— Então o joão-de-barro faz sua casa de barro e a pomba faz de folhas secas?
— Deve ser por causa da cor. Cada um faz a casa da cor da pele deles.

— Por que será que o ninho é da mesma cor dos pássaros?
— Passarinho não tem pele como nós.

— E o que eles têm?
— Penas. Meu tio tem um papagaio. As penas dele são verdes.

— A casa dele é verde?
— Ele fica numa gaiola.

— E como é que ele voa?
— Ele não voa. Papagaio voa?

— Voa sim. Será que tem algum pássaro que não voa?
— Pinguim é pássaro?

— Eles têm asas e botam ovo. Eu vi num filme.

— E eles têm penas?
— ...

— Peguei vocês nessa, hein? Amanhã quero ver quem é que consegue responder se pinguim tem pena. Agora vamos para a sala que é hora da arrumação!

7

SESSÃO INVESTIGATIVA DIRIGIDA

— Você não vai conseguir imaginar minha conversa com as crianças sobre o joão-de-barro que anda fazendo um ninho na frente da escola.

— Aconteceu comigo também. A turma ficou muito interessada na construção do ninho. Falei dos povos originários do Brasil, contei que algumas tribos fazem ocas com um formato parecido. Desenhei e mostrei. Ficaram com os olhinhos arregalados, curiosas. Carlos disse que tinha visto uma casa de gelo parecida.

— Um iglu?

— Isso. Falei dos esquimós e quando vi estavam todas comparando as casas de humanos com a do joão-de-barro.

— Lembra que a gente pensou numa sessão investigativa dirigida sobre a lua ou sobre os vulcões?

— A lua já foi deixada de lado pela minha turma. Foi apenas um interesse pontual de um pequeno grupo.

— Os meus continuam brincando de "O chão é lava", mas seria mais interessante analisar o joão-de-barro. Devíamos explorar isso, fazer uma investigação. Quem sabe isso possa constituir a pesquisa da turma...

— Boa ideia. Vou querer fazer também. O que você acha de fazermos sobre o mesmo tema?

— Ótimo, daí a gente aproveita a coincidência e começa a planejar juntas, ainda que o mesmo tema possa nos levar a caminhos diferentes. Tirei fotos. Adoro fotografar! Achei legal registrar a curiosidade das crianças. Nem pensei que poderíamos usar as imagens nas sessões investigativas.

— Você fotografou o joão-de-barro fazendo o ninho?

— E as crianças na cerca olhando. Veja como ficou.

— Muito inspiradora sua foto. Podemos acrescentar fotos e vídeos da internet mostrando como nosso joão-de-barro faz o ninho.

— Vou fazer uma sequência de fotos para vermos a evolução da obra.

— Vamos planejar?

— Devemos começar as sessões investigativas logo, antes de o joão-de--barro aparecer com os filhotes.

— Que tal iniciar por mapas mentais? O que a gente coloca no centro: o joão-de-barro? Um pássaro? Uma ave?

— O joão-de-barro. Assim adotamos como ponto de partida o que atraiu a atenção das crianças. Dessa palavra, faremos derivarem as outras, como pássaro e ave.

— Vamos anotar o que as crianças trouxeram de conhecimento prévio sobre o joão-de-barro, depreender os conceitos expostos pelo grupo e aqueles que serão trabalhados em sessões organizadas. A gente coloca uma lista de possibilidades e vê o que interessará às crianças, porque o interesse é delas e é a partir dele que a pesquisa deve avançar.

— Cabe a nós fazer boas perguntas para isso poder acontecer. Perguntas que mobilizem o pensamento. Isso vai nos auxiliar a construir estratégias que desenvolvam o olhar atento das crianças, como propõe Shari Tishman[1] num livro que estou lendo!
— Quando isso acontecer, a gente vai fazer coisas diferentes uma da outra, o que vai deixar o resultado final ainda melhor.

— Mas isso só acontecerá se a gente tiver algo estruturado.
— Cada uma dessas palavras gera muitas possibilidades.

— Não sei você, mas eu costumo fazer uma sessão de cinema em algum momento com um filme relacionado ao tema. Peço à escola para providenciar pipoca. Com esse tema, até a pipoca pode virar objeto de estudo.

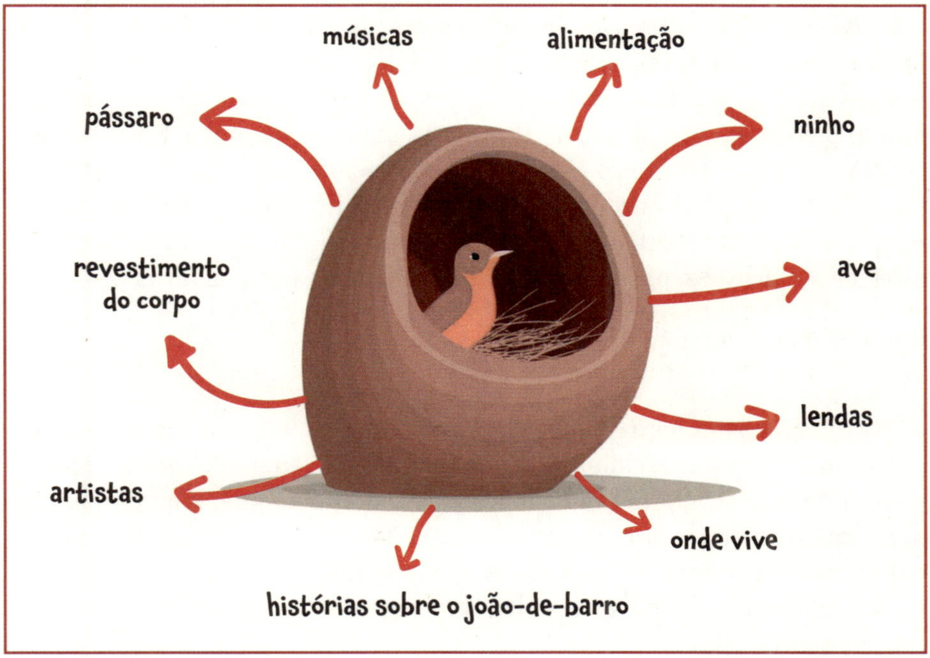

1 TISHMAN, Shari. *Olhar atento:* como incentivar os alunos a aprender por meio da observação. Porto Alegre: Penso, 2024.

— Podemos perguntar coisas como: por que os pássaros comem milho? A gente consegue comer o mesmo milho que eles comem?

— Há ainda as lendas indígenas sobre o joão-de-barro. Lembrei porque você falou das ocas de algumas tribos.
— Vou procurá-las aqui na internet... Achei! Tem várias lendas lindas.

— Tem até música sobre joão-de-barro.
— Muitas possibilidades.

— Podemos levar as crianças a pensarem e a seguirem em frente considerando os tópicos em que conseguirmos ativar o interesse delas.
— Tem filmes legais sobre aves. Já que as crianças falaram dos pinguins, que tal aproveitar e mostrar um filme que trate dos hábitos deles? Tem uns que são bem bons e divertidos.

— Devemos ficar atentas para não fugir do assunto e perder o foco.
— Já que as crianças estão interessadas no ninho do joão-de-barro, vamos tratar do tópico "ninho" em segundo lugar?

— Deixe ver se entendi: em primeiro lugar, a gente pesquisa o fato de o joão-de-barro ser uma ave, de as aves serem pássaros e de os pássaros fazerem ninhos. É isso?
— Isso mesmo. Na parte das aves, a gente pode solicitar a observação de outros pássaros e o registro de como eles são em desenhos. Podemos encorajá-las a falarem sobre as aves que conhecem, quais delas vivem livres na natureza e quais são domesticadas pelos humanos, como a galinha. Precisamos ficar atentas ao que vai marcar as crianças antes de definir qual será o próximo passo. Talvez sejam as casas dos pássaros.

— Ou as asas, como eles conseguem voar...
— E por que algumas aves não voam.

— Na minha turma, tem crianças que conhecem galinhas e vão saber compará-las com os passarinhos que voam livres no céu. Carol falou do papagaio mantido pelo tio numa gaiola. Vou perguntar o que acham disso, de algumas aves viverem em gaiola, e se sabem que é preciso ter licenças especiais para manter animais silvestres em casa.
— A gente pode comparar a gaiola com os ninhos que as próprias aves fazem, apontar as diferenças.

— Podemos trazer livros de biologia e imagens impressas?
— Sim, por que não?

— Sempre fico meio receosa, tenho medo de parecer estar forçando a alfabetização[2].

— Os livros fazem parte da vida. Numa sessão investigativa desse tipo, é importante elas verem que é possível encontrar nos livros respostas para muitas de nossas perguntas.

— Verdade. Ler imagens faz parte de todas as fases do aprendizado e é elemento essencial de letramento[3].

— Ah! Temos de providenciar materiais e organizá-los para as crianças fazerem os primeiros registros.

— Vou deixar as canetinhas, lápis de cor, canetas e lápis preparados.

— Inicio os caminhos investigativos com desenhos, pois desenhar é uma das principais formas de expressão das crianças nessa fase.

— Concordo. E se depois a gente reunisse materiais para elas fazerem ninhos de pássaros? Como argila e folhas, por exemplo?

— Adoro trabalhar com argila.

— Uma vez, fiz um trabalho envolvendo um ovo, sabia? Mostrei como as galinhas chocam, como o pintinho nasce. Instalamos uma lâmpada, convidei o pai de uma criança, que tinha aviário, e ele falou da importância do calor para os ovos. De todo modo, não é o caso de repetir isso dessa vez.

— De qualquer forma, ia ser legal pedir que trouxessem ovos de diferentes aves — galinha, pato, codorna — e pensarmos sobre tamanhos e proporção. Ovo pequeno, ave pequena. Quanto maior o ovo, maior a ave.

— E se a gente as fizesse pensar sobre o espantalho?

— É verdade! Hoje, ele é pouco usado no campo, mas existem histórias legais com espantalhos[4]. Disso pode surgir uma reflexão sobre os motivos de os agricultores investirem em técnicas para afugentar as aves.

---

2 A BNCC prevê a manipulação de livros como direito de aprendizagem e desenvolvimento para crianças pequenas (4 anos a 5 anos e 11 meses): "Escolher e folhear livros, procurando orientar-se por temas e ilustrações e tentando identificar palavras conhecidas" (Brasil, 2018, p. 49).

3 "As experiências com a literatura infantil, propostas pelo educador, mediador entre os textos e as crianças, contribuem para o desenvolvimento do gosto pela leitura, do estímulo à imaginação e da ampliação do conhecimento de mundo. Além disso, o contato com histórias, contos, fábulas, poemas, cordéis etc. propicia a familiaridade com livros, com diferentes gêneros literários, a diferenciação entre ilustrações e escrita, a aprendizagem da direção da escrita e as formas corretas de manipulação de livros. Nesse convívio com textos escritos, as crianças vão construindo hipóteses sobre a escrita que se revelam, inicialmente, em rabiscos e garatujas e, à medida que vão conhecendo letras, em escritas espontâneas, não convencionais, mas já indicativas da compreensão da escrita como sistema de representação da língua" (Brasil, 2018, p. 42).

4 Entre as histórias protagonizadas por espantalhos, a título de exemplo, citamos a seguinte: COSTA, Wagner. *Eulálio, o espantalho*. Ilustrações: Luiz Maia. São Paulo: Moderna, 2014.

— Só resta ver se as crianças vão ter interesse.
— É incrível como, a partir de uma curiosidade das crianças, diversas aprendizagens podem surgir. Dá para mobilizá-las em vários dos nossos contextos investigativos.

— As crianças podem se interessar em estudar a plumagem das aves. Não quero pedir para trazerem penas diferentes.
— Se elas se interessarem pelo tema, a gente poderia pedir para trazerem penas se as acharem soltas. Volta e meia, tem uma peninha de pomba ou de galinha pelo chão.

— Verdade. Outro dia, achei uma pena enorme de urubu.
—A gente deixa bem claro que só vale se a pena tiver caído.

— Está certo. Ver e pegar nas penas, perceber a diferença de tamanhos e texturas faz as crianças explorarem as sensações. Se bobear, alguém traz penas de travesseiro.
— Esta é uma pergunta que podemos fazer: o que tem dentro do travesseiro? Será que alguma criança ainda tem travesseiro de penas? Acabei de me lembrar de uma coisa...

— Do quê?
— Da arte plumária, das obras feitas com plumas de aves. Dos cocares dos índios, dos chocalhos. Tenho em casa peças de artesanato da cidade onde eu morava antes de vir para cá. É algo tão natural que nem me dei conta de que poderíamos usá-las.

— Não é incrível? A gente pode valorizar a diversidade cultural tomando como ponto de partida o joão-de-barro do poste aqui na frente.
— Prefiro trabalhar assim: mostrar as diferenças culturais naturalmente, sem precisar que a investigação dependa de um dia específico marcado no calendário.

— Podemos propor um trabalho de produção de arte a partir das penas e fazer uma mostra.
— Ia ser legal. Mas vai depender de a pesquisa andar por esse caminho. As coisas têm de acontecer movidas essencialmente pelo interesse das crianças. É preciso insistir muito nesse ponto.

— Também podemos pesquisar onde as aves vivem. Todas as crianças sabem que os pinguins vivem no frio, mas não sei se sabem onde faz tanto frio a ponto de se produzirem as geleiras dos filmes. Podemos mostrar um

mapa-múndi. Já o joão-de-barro, não sei se elas sabem de sua existência em quase todos os estados brasileiros.

— Será que há joão-de-barro em outros países? Eu não conheço a distribuição geográfica do joão-de-barro.

— Vamos pesquisar junto com as crianças se elas manifestarem interesse, enquanto grupo, pelo tema.

— Como faremos a documentação? Teremos as fotos e o registro escrito com mini-histórias. E o que mais?

— Podemos dividir as sessões investigativas ao longo de duas ou três semanas, por exemplo, e documentar diária ou semanalmente um grupo, como fizemos antes.

— Você pensa em fazer as sessões investigativas sobre o joão-de-barro por um período de uns cinquenta minutos em todos os dias da semana?

— É uma ideia, mas isso vai depender do interesse demonstrado pelas crianças. Além do uso da sala de referência, a observação do joão-de-barro na frente da escola pode se dar de maneira sistematizada. Podemos ajudar as crianças a levarem materiais de desenho para serem usados no pátio. Assim, elas registram a evolução do ninho e as ações do joão-de-barro, por exemplo. Além disso, podemos pedir, na hora de fazerem o ninho de argila, se for o caso, para o fazerem olhando o ninho, de modo a ficar parecido.

— Se isso acontecer, vou tirar muitas fotos!

— O que você acha de gravarmos vídeos curtos? Não costumo fazer isso, mas fiquei empolgada com as possibilidades. O que sempre tento fazer é dar visibilidade ao pensamento das crianças e ao modo como vão criando as atividades.

— Bonito isso. E importante: dar visibilidade ao pensamento das crianças. Vou adorar essas sessões investigativas!

8

EDUCAR É UM TRABALHO COLETIVO

— Professoras, quanta coisa as crianças fizeram sobre o joão-de-barro! Quer dizer, sobre as aves, porque a pesquisa foi muito além.

— Pois é, coordenadora, as crianças estavam curiosas sobre um joão-de--barro fazendo ninho no poste na frente da escola.

— As duas turmas corriam para ver a evolução da casinha quando iam ao pátio; por isso achamos que seria uma boa ideia investigarem.
— De uma investigação sobre um joão-de-barro apareceram pinguins, galinhas, ganso, papagaio, até avestruz e ema eu vi nos desenhos. E os ninhos! Que ideia boa as crianças fazerem ninhos de aves.

— Elas se lambuzaram com a argila. Eu as deixei se sujarem à vontade.
— Minha turma ficou eufórica no dia em que trouxeram as penas. Duas crianças vieram com os travesseiros e mostraram as penas de que eram feitos.

— As minhas amaram a pena da arara. Fiquei com pena quando ouvi Joana dizer que era de uma arara que havia morrido.
— Elas refletiram sobre a semelhança entre as expressões "pena de pássaro" e "sentimento de pena". Queriam escrever a palavra "pena". Como era vontade delas, escrevi duas vezes a palavra "pena" numa folha para cada criança e deixei desenharem a diferença entre as duas penas: a da plumagem e a do sentimento.

— Elas foram muito criativas na representação do sentimento de pena. As crianças da minha turma viram e me perguntaram se podiam fazer uma proposta semelhante. Eu concordei!
— Foram tantas as propostas que devíamos montar uma mostra para as famílias.

— Pode contar com a gente.
— Vi que vocês organizaram uma documentação e a colocaram nas pastas das crianças. Querem uma ajuda para imprimir os relatos e as fotos?

— Seria bom. Quantas folhas a gente pode imprimir?

— Não podemos exagerar, mas vamos fazer o suficiente para tudo ficar bem registrado. Além da mostra, vamos registrar parte do trabalho nas pastas individuais das crianças, para as famílias poderem acompanhar o que estamos fazendo.

— Podíamos montar a mostra como no ano passado, expondo as produções das crianças de maneira organizada, quer dizer, as mesmas propostas ficam juntas, as famílias circulam pela sala e veem tudo o que foi produzido.

— Temos os desenhos, os ninhos de argila e folhas, as fotografias das aves, o trabalho com a palavra "pena", as produções artísticas com plumas. Se vocês acharem pertinente, posso montar um videozinho para ficar rodando enquanto as famílias caminham pelas salas.

— Tenho várias fotos e vídeos curtos, mas não sei editar.
— Eu te ajudo. Conheço um aplicativo fácil de usar.

— Podemos fazer isso tudo na quinta-feira da semana que vem? Temos dez dias até lá.

— Enquanto isso, a gente se ajuda a finalizar a documentação pedagógica e pensa os detalhes da exposição.
— Na minha turma, há crianças interessadas em brincar de casinha. Querem transformar a cabana num ninho de joão-de-barro. Ficam batendo as asas e correndo pela sala, brincam de coletar comida para os filhotinhos.

— Queridas!

— Estou pensando no que fazer para provocar brincadeiras diferentes com Tiago e Dyéssika. Os dois agora só brincam de carrinho, acredita? Tudo vira carrinho: lápis, borracha, as peças dos jogos. Fazem estradas e pontes para os carrinhos passarem. Não saem disso.
— Lembra o que a gente conversou sobre o tempo das crianças, né?

— Ai, mas eu não aguento. A gente precisa fazer as crianças experimentarem muitas e novas coisas.
— Sim, é claro. Só não devemos forçar.

— Amanhã, a reunião pedagógica vai ser sobre a escrita dos pareceres?
— Sim, vamos discutir se os deixamos iguais aos do ano passado ou se alguém tem uma ideia diferente.

* * *

— Professoras, hoje em nossa formação discutiremos como faremos os pareceres.

— Vai mudar em relação ao ano passado?
— Depende do que a gente decidir na reunião. Não tenho uma opinião formada. Vamos construir um modelo pensando nos objetivos de aprendiza-

gem e desenvolvimento e nos campos de experiência que a BNCC estabelece para a educação infantil.

— Porque também é nisso que se baseia o nosso trabalho.
— Claro! Os pareceres refletem a proposta pedagógica da escola.

— Li os pareceres do ano passado emprestados pela colega. Eu os achei muito bem construídos.

— No começo, a gente faz um parágrafo dissertativo sobre o que estamos desenvolvendo, o modo como nossos projetos foram iniciados e o que temos feito.
— Vamos detalhar, certo, professoras? Essa parte a gente copia e cola no parecer de todas as crianças. Por isso, é bom ela estar bem alinhada. Aconselho vocês a mencionarem os fundamentos do projeto que estão desenvolvendo com suas turmas.

— Os campos de experiência da BNCC?

— Sim, e a relação com a proposta pedagógica da escola. Deem uma olhada nas páginas 24 e 25 da BNCC e a partir da página 40, onde se faz a descrição dos campos de experiência. Se alguém precisar de uma ajuda nisso, a gente conversa, porque cada projeto vai demandar uma relação específica com a BNCC e com nosso projeto pedagógico.

— Depois disso, a gente passa às questões individuais de cada criança, sempre pensando no que elas já fazem bem.
— Perfeito, não devemos indicar só em que a criança tem de melhorar, porque todas se interessam por alguma coisa e fazem aquilo bem-feito. Também peço muita atenção às crianças com alguma deficiência ou necessidade específica. Vamos nos reunir e ver, a partir dos laudos médicos, da história de vida e dos registros sobre o desenvolvimento de cada uma, como escrever os pareceres. Cada criança é única. Vamos valorizar as singularidades e celebrar as aprendizagens.

* * *

— Legal a coordenadora se dispor a ajudar na escrita dos pareceres. Fico um pouco insegura em relação ao que escrever sobre Sabrina. A família apresentou laudo médico.

— Também tenho Téo e Isabelle. A monitora me ajuda bastante. Estamos aprendendo a reconhecer as habilidades de cada criança e a adaptar os recursos e nossas práticas de forma que todas possam aprender junto com a turma em um ambiente acolhedor.
— É importante a gente ver as crianças como crianças.

— Todas são produtoras de cultura e devem ter seu ritmo de aprendizagem respeitado.
— Que tal a gente aproveitar esse tempinho e escrever a parte inicial?

— Ótimo! É bom podermos fazer juntas pelo menos o começo.
— É uma responsabilidade, eu sei. Também fico tensa.

— Mais tarde, vou começar a fazer os pareceres individuais e depois vou mostrá-los à coordenadora. Ela costuma pedir para ver e nos ajudar na revisão.
— Fico feliz. Os pareceres são documentos que as famílias guardam pela vida toda.

— Olha o que eu já escrevi sobre Eduardo:
— É muito bom trabalhar assim, sabia?

— Assim como?
— Uma ajudando a outra!

O JOÃO-DE-BARRO QUE ERA POMBO-CORREIO

— Ai, ai! Nem tudo a gente pode registrar. Outro dia, aconteceu uma coisa comigo que agora parece engraçada, mas na hora fiquei toda sem jeito.

— O que foi? Conta que fiquei curiosa.
— Acredita que as crianças estavam no parque, em volta do brinquedo de madeira, olhando do mesmo jeito curioso que olharam o joão-de-barro? Eu fui ver o que era.

— E o que tinha lá para ficarem todas em volta?
— Uma aranha. Uma aranha enorme! As crianças todas em volta, e ela paradinha em cima de um toco de pau.

— O que você fez?
— Disfarcei e disse: "Olha, ela deve estar no intervalo de trabalho. Vocês sabem que as aranhas passam o dia tecendo suas teias?". Carlos perguntou: "O que é tecendo?". Eu disse: "Conto a vocês tudo sobre Dona Aranha depois que todo mundo tiver ido lavar as mãos para voltar à sala". Saíram todos em direção ao banheiro.

— E a aranha?
— Peguei um graveto comprido no chão, fiz a aranha subir na ponta e a levei para bem longe das crianças.

— As crianças podiam estar em risco. Você agiu muito bem. O que disse a elas depois?
— Contei a elas que Dona Aranha tinha voltado ao trabalho porque o intervalo dela terminara, mas ela tinha gostado muito de conhecer a turma. Depois fomos à sala e falei sobre a vida das aranhas. Disse-lhes que aquela era mansa e querida, mas outras podiam ser perigosas e, por segurança, crianças não deviam chegar perto de nenhuma delas. Pedi para perguntarem às famílias se tinha aranha em casa e o que deviam fazer caso encontrassem outra.

— Ontem a vi carregando uns envelopes. O que era?
— Acredita que um grupo falou de pombo-correio e queria escrever cartas para o joão-de-barro entregar?

— Pombo-correio?
— Na pesquisa sobre as aves, isso veio à tona. Um grupo se interessou e pesquisou. Algumas crianças imaginaram o joão-de-barro construindo o ninho para ser o pombo-correio da escola. Eu disse a elas que o pombo era outra ave, completamente diferente do joão-de-barro.

— E, mesmo assim, elas escreveram cartas?
—Sim! Pedi para perguntarem às famílias como é e como se escreve uma carta. Daí trouxe envelopes e as deixei darem asas à imaginação e escreverem do jeito delas. A escrita espontânea pode fazer parte da educação infantil.

— E a BNCC recomenda que a gente deve proporcionar isso[1]. É nosso papel fazer as crianças conviverem com textos escritos. Nesse convívio, elas vão construindo hipóteses sobre a escrita e a leitura.
— Primeiro rabiscam e fazem muitos desenhos, como foi o caso das cartinhas.

— Com o tempo e as propostas que oferecemos, todas baseadas em intencionalidade educativa, a escrita espontânea se desenvolve e começa a apontar para uma compreensão da escrita como sistema de representação da língua.
— Por isso é tão importante fazermos as crianças manipularem livros nas sessões investigativas.

— Você entregou as cartas?
— Resolvi deixá-las debaixo do poste onde fica o ninho do joão-de-barro. Levei-as num cesto e inventei uma história: "O joão-de-barro vai pegar quando a gente não estiver olhando". Quando todas as crianças foram embora, peguei as cartinhas e as deixei nos lugares das crianças às quais estavam destinadas.

— Posso ver alguma história que você tenha escrito sobre isso?
— Claro.

MINI-HISTÓRIA: O JOÃO-DE-BARRO QUE ERA POMBO-CORREIO

As sessões investigativas sobre o joão-de-barro levaram a turma a descobrir os pombos-correio. Foi por acaso que Verônica disse ter visto num livro que as pombas já tinham sido usadas para o envio de cartas. Fiquei um pouco espantada, porque se trata de algo antigo, mas não interferi nem pedi que continuassem a pesquisa. As próprias crianças, no entanto, se mostraram interessadas.

No dia seguinte, durante a assembleia no início do turno, Verônica e Davi contaram terem pesquisado sobre os pombos-correio em casa. As famílias

1 A BNCC estabelece a escrita espontânea como um dos objetivos de aprendizagem e desenvolvimento: "Produzir suas próprias histórias orais e escritas (escrita espontânea), em situações com função social significativa" (Brasil, 2018, p. 50).

procuraram vídeos na internet e informações em *sites*. Verônica e Davi explicaram que os pombos-correio eram usados inclusive nas guerras para o envio de mensagens

— Os pombos são ensinados a voarem até o lugar e a voltarem pra casa depois — disse Verônica.

— Eles enrolam numa das patinhas do pombo um papel com a mensagem escrita — acrescentou Davi.

— Será que o joão-de-barro lá do poste é um funcionário do correio? — perguntou Priscila.

— É — disse Giovana —. Ele deve ter vindo para levar as cartas das professoras.

— Você quer escrever uma carta, professora? — perguntou Priscila me olhando.

— Pra quem você vai escrever? — várias carinhas perguntaram.

Senti que a conversa estava fugindo do assunto, quer dizer, do tema dos pombos-correio. Pensei em retomar o foco, exatamente para explicar que os pombos pertencem a uma espécie diferente do joão-de-barro. Mas, antes de eu conseguir dizer alguma coisa, Verônica disparou:

— Podemos escrever cartinhas pro joão-de-barro entregar, professora?

— Será que é muito caro? — disse Davi.

— Professora, quanto o joão-de-barro cobra pra ser nosso pombo-correio?

Percebi que parte da turma havia embarcado na história dos pombos-correio e que a imaginação das crianças criara uma nova possibilidade de trabalho: compreender o que são e para que servem as cartas. Então, não hesitei e disse:

— Acho que o joão-de-barro cobra cinco grãos de alpiste por cartinha.

— Cinco grãos de alpiste? — perguntaram alguns — Isso é muito ou pouco?

— Podem deixar que eu compro o alpiste e trago os envelopes — eu disse. — Vocês só precisam se empenhar em escrever uma cartinha a um amigo ou amiga.

— Posso escrever pra Manuela da outra turma? — perguntou Verônica.

Expliquei: quem quisesse poderia escrever uma cartinha para qualquer criança da escola.

No dia seguinte, eu trouxe envelopes e expliquei que, para o joão-de-barro fazer a entrega, cada um teria de escrever seu nome do lado da orelha do envelope, e o nome do amigo ou amiga do lado liso.

Quem tinha feito as cartinhas correu até as fichas com seus nomes e os copiaram no envelope.

— Me empresta a tua ficha? — pediu Davi a Pedro.

Entendi que Davi escrevera uma carta a Pedro e queria a ficha para escrever o nome do amigo no lado do destinatário. Em pouco tempo, outras crianças entenderam a estratégia de Davi e fizeram o mesmo. Logo a turma estava trocando as fichas com os nomes para preencher os envelopes.

Auxiliei quem decidira escrever a colegas de outras turmas.

Ao fim da tarefa, pedi para fecharem os envelopes com cola. Expliquei que as cartas eram pessoais e não se podia ler a correspondência de outra pessoa. Disse para colocarem as cartas no cesto que eu havia providenciado e que me acompanhassem na entrega.

— Posso carregar o cesto, professora? — pediu Verônica.

Verônica e eu fomos, então, deixar o cesto ao pé do poste, enquanto o restante da turma acompanhava de longe. Não queríamos assustar o joão-de-barro.

Ao lado do cesto das cartas, deixamos os grãos de alpiste que cada criança contou e colocou num potinho para o pagamento.

No dia seguinte, o joão-de-barro havia deixado as cartinhas em vários lugares das salas de referência, porque, conforme expliquei às crianças, ele não sabia onde cada uma ia trabalhar naquele dia.

As crianças abriram suas cartinhas e corremos para descobrir se o joão-de--barro havia recebido o pagamento.

Nenhum grãozinho de alpiste sobrou no pote.

— E se o próximo passo fosse uma pesquisa sobre o nome das crianças? Algumas deram nome ao joão-de-barro e se perguntaram o motivo de ele ser chamado assim.
— Na minha turma, João pediu para darmos outro nome ao pássaro.

— Por quê?
— João não gosta de brincar no barro, por isso não queria que o passarinho tivesse o mesmo nome dele.

— Eu vi. Vocês fizeram uma votação a partir das sugestões da turma.
— As crianças ficaram interessadas e perguntaram às famílias as razões de se chamarem como se chamam, a história por trás dos nomes escolhidos para elas. Pensei em explorar isso.

— Podíamos estruturar as sessões com algumas perguntas mais amplas: quem sou eu, quem é minha família, onde moro, qual é a história do meu nome.
— Várias crianças na minha turma estão com essa questão em mente, e este é um dos campos de experiência da BNCC: "O eu, o outro e o nós"[2].

— Ano passado, propus investigações quando as crianças ficaram falando de um livro que li para elas. Estavam intrigadas com os nomes do autor e do personagem, mais do que com a história[3]. Pensei que renderia investigarmos os nomes e acabou que fizemos um trabalho mais amplo.
— A percepção da identidade costuma acontecer na educação infantil em diferentes momentos. É importante respeitar o interesse das crianças. Já que aconteceu, gostaria de investir nisso. Como podemos organizar as sessões?

— Pensei em várias propostas legais. Em geral, começo com a leitura de uma história. Ela pode ser retirada de um livro, ou provir da tradição oral. Fundamental é tratar da questão dos nomes. Depois, peço que cada criança se olhe no espelho. Trago um espelho de corpo inteiro, mas pode ser até na vidraça da porta de entrada da escola. O ideal é a criança ficar um tempo se olhando.
— Conforme o desenho da criança evolui e seus interesses se ampliam, podemos trabalhar o desenho do corpo inteiro.

— Em seguida, a gente pode investigar o tamanho. Pedir que escolham um fio e representem sua altura com ele. Deixo à disposição lã, barbante e li-

2 Brasil, 2018, p. 25, p. 40, p. 45-46.

3 A título de exemplo sobre a questão levantada no diálogo, citamos o livro PINTO, Ziraldo Alves. *O joelho do Juvenal*. Ilustrações: Ziraldo. São Paulo: Melhoramentos, 2005.

nha. Eu pediria que as crianças se ajudassem a medir, cortar um fio do tamanho do corpo do colega e entregar o fio a ele ou ela.
— Muito legal! Daí, cada criança fica com um fio da sua altura.

— Dá para investigar as medidas, pedir que meçam um familiar com o fio e tragam para comparar. O fio eu pediria para colarem numa folha formando um desenho ou algo que combine com o interesse manifestado ao longo da proposta.
— Se tiverem a comparação com o fio de um familiar, podemos colar os dois desenhos separados e demonstrar a diferença de proporção, ou pedir que façam um desenho emaranhando os fios, para poder mostrar aquele familiar como parte da identidade das crianças.

— Boa ideia.
— Depois das representações do corpo, representaremos o rosto?

— Sugiro trabalharmos quadros com retratos ou autorretratos. Vários pintores podem ser utilizados, dos clássicos aos contemporâneos[4]. Os artistas das vanguardas europeias do início do século XX, pelo menos nas turmas em que trabalhei isso até agora, parecem despertar mais a atenção por conta de suas imagens cubistas, hipercoloridas, de contornos fortes e expressivos. Há vários endereços de internet para pesquisarmos.
— Se essas sessões investigativas ocorrerem, a gente pode organizar exposição de quadros e discutir formas, cores e comparar os artistas.

— Além de realizar releituras de obras, se for o caso. Gosto de aproveitar o tema e fazer um jogo da memória com imagens de quadros ou do rosto de pessoas. Proponho que as crianças me ajudem a escolher as imagens, e a gente monta o jogo, com umas vinte ou trinta cartas, dez ou quinze pares de imagens, portanto. Depende da turma. Faço cópia para cada criança ter o seu jogo. A turma do ano passado se interessou, a coordenadora autorizou a impressão do jogo e foi bem legal. Brincaram um monte!
— E se eu fizesse o jogo da memória com a imagem das crianças?

— Claro!
— Imprimo duas fotos iguais de cada criança e monto o jogo, ou faço algo estilizado, talvez aproveitando o desenho que cada uma fizer. Humm... Tal-

4 A BNCC afirma: "Conviver com diferentes manifestações artísticas, culturais e científicas, locais e universais, no cotidiano da instituição escolar, possibilita às crianças, por meio de experiências diversificadas, vivenciar diversas formas de expressão e linguagens, como as artes visuais (pintura, modelagem, colagem, fotografia etc.), a música, o teatro, a dança e o audiovisual, entre outras" (Brasil, 2018, p. 41).

vez não. Melhor esperar e ver como as coisas vão se desenrolar. Estamos indo muito longe. Assim a investigação fica do jeito que a gente quer, e não conforme o interesse das crianças. A gente pode e deve planejar, mas sem forçar as coisas a acontecerem do nosso jeito.

— Verdade. De qualquer forma, é bom a gente pensar em propostas. Falando em foto, eu pediria uma de cada criança. Podemos tirar as fotos e imprimir aqui na escola.
— As próprias crianças podem fotografar os colegas com o celular da escola. Podem fazer caretas para trabalharmos os diferentes sentimentos.

— Se for o caso, como você disse, a gente poderia sugerir colarem sua foto no cantinho de uma folha e criarem um desenho de observação.
— Poderíamos aproveitar a ideia e pedir para fazerem uma pintura?

— Daria. Só acho um pouco difícil pintar a imagem do rosto em guache.
— Além da imagem, você exploraria questões pessoais?

— Sim. Brincadeiras favoritas, por exemplo. Em um turno, propus ano passado algumas brincadeiras que elas mencionaram, e quando vi cada criança estava ensinando outras a brincarem do que elas mais gostavam.
— Boa ideia para fazê-las interagir.

— Depois, registraram as brincadeiras num desenho.
— Proponho investigações sobre a história e o significado do nome. Peço que perguntem às famílias por que escolheram este nome e se ele tem um significado.

— Costumo solicitar que as famílias escrevam, ou eu mesma escrevo, o nome da criança em maiúscula numa folha e peço para selecionarem elementos naturais, como grãos de feijão, milho, folhas, gravetos, ou ainda elementos criativos, como glíter, purpurina, batom, para as crianças contornarem as letras.
— Humm.

— Pensamos em várias possibilidades de caminhar com as crianças. Ao longo do processo de pesquisa, veremos quais delas irão dialogar mais com os interesses das crianças. Tendo repertório, é mais fácil não deixar as coisas esmaecerem.
— De todo modo, podíamos contar uma história sobre diversidade.

— Pensei em alguma com imagens expressivas. A partir das ilustrações, as crianças conseguem inventar sua própria versão[5].
— Contar histórias sempre é bom. Podemos usar as novas tecnologias e mostrar animações. Que tal explorarmos os animais favoritos de cada uma? Tem histórias ótimas com bichinhos de estimação.

— Faz sentido. A identidade de muitas crianças passa por sua proximidade com os animais. É possível programar, sempre com todo o cuidado para a sua proteção, uma visita ao zoológico, por exemplo, ou a outros pontos de interesse nos locais onde elas vivem.
— É perfeitamente possível ampliar as investigações com outras preferências — o livro favorito, a comida de que mais gostam — e pedir que tragam junto o livro, por exemplo.

— E trazer a comida?
— Podíamos fazer um intercâmbio gastronômico: as crianças oferecerem aos colegas a experimentação de novos alimentos?

— As crianças podem pensar sobre as pessoas que integram a família, onde moram, se nasceram nesta ou em outra cidade. Mas tudo vai depender do andamento das sessões investigativas. Muitas ideias podem surgir.
— Sabe do que eu ia gostar?

— Do quê?
— De explorar os sons.

— Os sons?
— As crianças da minha turma cantam muito. Pensei em propor brincadeiras com músicas e rimas.

— As parlendas são ótimas para isso — são feitas com rimas, são fáceis de memorizar. Podemos selecionar algumas canções populares. Acontece muita coisa na escola para além das sessões investigativas e das propostas mais direcionadas. Pensando na jornada da criança, a literatura, seja na forma de livros, seja na forma de histórias da tradição oral, precisa ter um lugar de destaque.

5 A título de exemplo, citamos o livro a seguir: PARR, Todd. *Tudo bem ser diferente*. São Paulo: Panda Books, 2020.

EXPOSIÇÃO

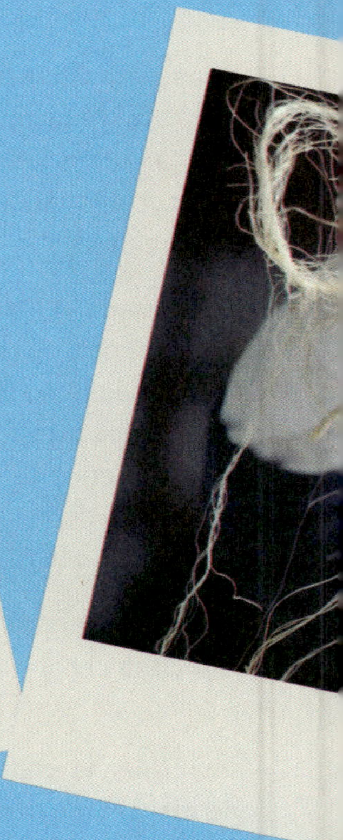

10

MOSTRA DA CULTURA INFANTIL

— Professora, o fim do ano está logo ali. Posso dizer uma coisa?

— Claro! Pode falar.
— Stéfani perguntou milhares de coisas sobre o joão-de-barro lá em casa. A gente chegava a ter tontura de tanta pergunta que ela fazia.

— Aposto que algumas eram bem difíceis.
— Foi preciso pesquisar junto com ela.

— Que legal! A escola vê as famílias como participantes plenas do processo de ensino.
— No começo, confesso, achei a proposta pedagógica da escola inadequada. Para mim, as crianças não iam aprender nada. Agora, olhando essa mostra cultural, vejo ter tido uma impressão errada.

— As crianças aprendem de um jeito diferente, quer dizer, aprendem sem que a gente precise dar aulas expositivas, a partir de outros [e novos] pressupostos.
— O que me deixa feliz é ver que tudo tinha intencionalidade. É estranho no começo pensar que as pesquisas vão partir das crianças, porque parece que elas vão fazer só o que querem. Mas não é isso. O objetivo é fazê-las aprender tomando como ponto de partida algo de seu próprio e legítimo interesse. Tanta coisa que elas, e eu vou dizer, que nós também, a família, aprendemos por causa de um ninho de joão-de-barro!

— Fique à vontade para andar pela sala e conhecer um pouco mais nosso percurso, o caminho trilhado até agora.

* * *

— Professora, João fez esse trabalho sozinho?
— Sim, quer dizer, nenhum dos trabalhos realizados nas sessões investigativas é feito de maneira individual. Todos eles são o resultado de uma série de investigações e conversas. Mas, sim, foi João quem teve a ideia de fazer dessa forma, trançar os materiais, e foi ele que fez o ninho.

— Ele falou desse ninho de capim por uma semana. Não queria que o joão-de-barro tivesse um ninho de barro, porque ele não gosta de brincar na terra.
— A gente conversou bastante sobre isso. Dessas conversas, resultou o trabalho sobre os nomes de cada um, a investigação sobre a história do nome e se há um significado nele.

— Fiquei "meio assim" de ele subverter a característica do pássaro, achei que podia estar errado.

— João fez um ninho de folhas e a gente criou uma história. Registrei o que ele foi falando. Perguntei se não era melhor reformular alguns trechos, mudar umas palavras, deixei ele me responder considerando meus questionamentos e respeitei o que ele queria registrar na história. Não interferi no conteúdo — ele é o autor. Depois, João pediu para fazer as ilustrações. Me pediu para ler a história criada e fez os desenhos. Sugeri que a gente transformasse num livro.

— Por isso lhe perguntei se ele tinha feito tudo sozinho. No início, ele só queria brincar com números e formas geométricas. Em casa, montava e desmontava coisas, mas não se interessava por histórias.

— E eu estava preocupada no início do ano porque João não queria brincar em outros contextos, a não ser no numérico. É difícil respeitar o tempo das crianças, esperar até se interessarem por outras coisas. A gente costuma direcionar um pouco, mas sem forçar nada. No caso de seu filho, novos interesses surgiram de um jeito espontâneo, por isso deu tão certo.

— O ninho é muito criativo. Me encantaram as conversas, as associações que ele fez com as ocas dos indígenas, o iglu dos esquimós. Olha o que fizeram com a cabana!

— Sim, estilizaram nossa cabana para ela se parecer com um ninho.

— A história do "Nemo" me emocionou. João sabia praticamente de cor e a ficava contando. Olha que lindo!

— Também gostei e li o livro de João para a turma toda. Fizemos uma votação e escolhemos o nome do joão-de-barro da história.

— Posso te pedir para, depois, ou outro dia, eu poder levar o livro e guardar em casa?

— Claro! Amanhã mesmo eu o entrego ao João.

— É uma coisa extraordinária, professora, como a educação infantil hoje é diferente de minha época de criança.

— Entendo. A questão é que algumas coisas vistas antes como "erradas" têm um potencial criativo que vale a pena explorar.

— A história do meu filho mostra isso. Acho que falo em nome das famílias presentes aqui quando agradeço pelo trabalho da escola e pelo tanto que nossas crianças têm aprendido.

— Obrigada! É muito bom ter o reconhecimento das famílias.

NEMO, UM PÁSSARO DIFERENTE

Era uma vez um pássaro diferente.
Ele não gostava de pegar terra. Ficava com o bico sujo e tinha nojo de sujeira.
O nome dele era Nemo.

Nemo ficou grande e saiu da casa dos pais, que era toda de barro.
Nemo voou e encontrou uma pomba.

— Do que é feito o seu ninho, dona pomba? — perguntou Nemo.
— Meu ninho é feito de capim — respondeu a pomba.

Nemo teve uma ideia: fazer sua casa com capim.
Pegou folhas compridas como fios de cabelo, mas não deu certo porque elas voaram. Nemo foi falar com a pomba.

— O vento levou a minha casa — disse Nemo.
— É que você não trançou as folhas — disse a pomba. — Precisa fazer uma trança igual ao cabelo das meninas.

Nemo foi falar com uma menina com trança no cabelo. Ela ensinou como se fazia.

Nemo fez um ninho de tranças de capim que o deixou quentinho e feliz.

Contexto investigativo numérico
e da escrita espontânea

11

VISITA AO PRIMEIRO ANO

— Estou um pouco nervosa com essa visita ao primeiro ano.
— Você, nervosa? Soube que essa atividade acontece todos os anos.

— É, mas não é uma coisa que eu goste muito de fazer não.
— Por quê? As crianças da minha turma estão superanimadas.

— As crianças adoram, sempre. Quem é que não gosta de viajar e ver um mundo novo, tudo diferente e instigante?
— Você fala de um jeito estranho. O que tem nessas turmas de primeiro ano que a deixa assim?

* * *

— Professoras, amanhã, as duas turmas de pré-escola vão visitar os primeiros anos do ensino fundamental. Temos tudo preparado.

— É comum acontecer essa visita?

— Sim, a gente a faz há algum tempo. Sempre no final do ano, levamos as crianças para conhecerem os professores do ano seguinte e interagirem com as crianças da outra turma. Como o ensino fundamental é diferente, tem sempre uma expectativa em conhecer os novos espaços em que elas vão passar a aprender.

— E tem a questão da mudança de proposta.
— Mudança de proposta?

— Ano que vem, nossas crianças passarão a ser vistas mais como alunas do que como crianças. É uma mudança grande. Até na BNCC tem isso de dizer que no ensino fundamental as crianças passam a ser alunas[1].
— Você tem razão, professora. Mas a transição tem sido bem-feita: no início do ano, a abordagem ainda é parecida com a nossa. Ao longo do ano, as coisas vão mudando.

— Humm.
— Você viu? Não te falei?

---

1 A transição da educação infantil para o ensino fundamental a que a professora se refere é abordada na p. 53 da BNCC. Ainda, segundo o documento, "conversas ou visitas e troca de materiais entre os professores das escolas de educação infantil e de ensino fundamental – anos iniciais também são importantes para facilitar a inserção das crianças nessa nova etapa da vida escolar" (Brasil, 2018, p. 53).

Contexto do descanso

— Não, você não me falou nada. Estava era muito estranha com relação a essa visita.

— E não era para estar?
— Continuo sem entender.

— A professora do primeiro ano não parava de perguntar se as crianças já sabem separar as sílabas, se já sabem o alfabeto, quem já sabe ler...
— A professora que acompanhou a minha turma também perguntou essas coisas, mas não vi maldade. Até porque há crianças nas nossas turmas lendo, mas porque foi um processo natural. Estavam prontas para isso.

— Não tem maldade, mas algumas professoras pensam ser nossa função docente preparar as crianças para a alfabetização, para chegarem prontas quando elas forem dar aula.
— As crianças chegam no primeiro ano em diferentes estágios de alfabetização porque é assim que o processo se dá sempre. As DCNEIs são claras

em dizer que, na transição da educação infantil para o ensino fundamental, devemos respeitar as especificidades etárias e jamais antecipar conteúdos[2].

— Depois vão ficar falando que a gente não ensina.
— A gente ensina sim! O que fizemos garante que as crianças poderão dar continuidade ao processo pessoal de aprendizagem e desenvolvimento. Fizemos tudo de acordo com o que dizem a BNCC e as DCNEIs.

— E embasadas em estudos sobre as infâncias.
— Ser professora da educação infantil exige isso de nós: estar em constante processo de formação e atualização.

— Mas é que, na opinião de algumas pessoas, a gente só faz ficar brincando com as crianças.
— Será? A gente faz um trabalho sério e comprometido. Quanto às professoras do primeiro ano, elas são nossas colegas de profissão. Não acredito que pensem assim.

— A professora me perguntou em qual nível de construção da escrita as crianças estão.
— ...

— No que você está pensando?
— A gente não gosta quando questionam o que fazemos. Temos a impressão de que, às vezes, algumas pessoas ainda não compreendem o trabalho que fazemos com as crianças. Entendo seu sentimento, mas não sinto isso da mesma forma.

— Não?
— Confio no que a gente fez, faz e fará. As famílias percebem o efeito do que fazemos, nossa coordenadora nos apoia. O fato de haver críticas de outras pessoas, que talvez não pensem de acordo com os mesmos pressupostos, não me afeta.

— ...
— Agora você ficou em silêncio.

2 Brasil. Ministério da Educação. Secretaria de Educação Básica. *Diretrizes curriculares nacionais para a educação infantil* / Secretaria de Educação Básica. – Brasília: MEC, SEB, 2010. Paráfrase do que diz a página 30: "Na transição para o Ensino Fundamental a proposta pedagógica deve prever formas para garantir a continuidade no processo de aprendizagem e desenvolvimento das crianças, respeitando as especificidades etárias, sem antecipação de conteúdos que serão trabalhados no ensino fundamental".

— É que você tem razão. As professoras não estão querendo criticar ao perguntar esse tipo de coisa. Confio no que fazemos.
— Então por que isso te afeta?

— Pensando bem, me incomoda saber que no ano que vem muita coisa vai mudar.
— Será diferente, sim.

— O que você quer dizer?
— Cada nível de ensino tem uma lógica específica. O próximo ano poderá não ser organizado em sessões investigativas, talvez não haja projetos nem atividades pensadas a partir do interesse das crianças. Talvez as crianças fiquem sentadas uma atrás das outras, e a professora vá explicar conteúdos e passar exercícios. Mas não quer dizer que isso esteja errado. Além do mais, a professora do primeiro ano pode muito bem decidir continuar com as sessões investigativas para alfabetizar. De qualquer forma, será uma nova fase, e algumas crianças até já esperam por isso.

— Estou meio como a mãe que não quer largar os filhos, né? Pintando a professora do primeiro ano como a madrasta má...
— Essa foi boa! Nossas crianças vão lembrar sempre de nós e do que fizemos juntos na pré-escola.

12

FESTA!

— Coordenadora, as crianças perguntaram se vai ter festa de encerramento na última semana.

— *Se elas perguntaram é porque querem, e eu acho que devia ter. O que vocês acham?*

— Eu quero. Podemos convidar as crianças a ajudarem na decoração e na escolha do que vamos comer e beber.
— *Importante isso: incluir as crianças nas decisões e na organização da festa.*

— Podíamos proporcionar um momento no pátio com diferentes turmas.

— *A gente reúne todo mundo e faz um encerramento bacana. Vamos pensar juntas em como fazer algo legal. Esse momento de fim de ano é importante para encerrar bem um ano tão produtivo como este. Falando nisso, tudo pronto para receberem as famílias e entregarem o parecer final?*

* * *

— Quero dizer que foi muito bom trabalhar com você.
— Eu digo o mesmo. Foi um ano de muito aprendizado. Olha que linda a decoração que as crianças fizeram conosco.

— Cada ideia que elas têm! Onde já se viu misturar bandeirinhas penduradas e serragem no chão... Olha como correm e se divertem!
— E a comida? Salsicha com molho de chocolate!

— Antes de a conhecer, eu estava ressabiada, não sabia como seria a professora nova. Achei que a gente ia ter um jeito de trabalhar diferente.
— De certa forma, temos.

— Sim, é verdade, mas a gente se entende. Quando uma não concorda com a outra, conversamos numa boa. Nem sempre o trabalho foi igual, mas os fundamentos apontaram na mesma direção.
— Aprendi muito neste ano com você e com as crianças. Quando estamos abertas às experiências, as coisas fluem bem. Olha, lá vêm as crianças correndo na nossa direção.

— Devagar que assim vocês matam a professora. Devagar!
— *A gente trouxe um presente!*

— O que é isso? Uma caixa?

— A minha caixa tem coisa dentro. Balança a sua, professora, veja se tem algo dentro também.
— Humm, pelo barulho deve ter papel. O que será?

— São cartas, professora.

— Cartas? Vocês escreveram cartas para a gente?
— Espera, aonde vocês vão?

— Deixa a gente agradecer. Obrigada!
— Já foram. Saíram correndo. Quanta energia!

— Você não vai abrir?
— Se eu abrir agora, vou chorar.

— Hahaha! Você é tão sentimental. Eu vou olhar.
— Humm, estou vendo uma lágrima. Quem é a sentimental agora, hein?

— As experiências vêm e nos desarmam. Às vezes não dá para controlar a emoção.
— Que cartinhas lindas!

— Vivemos muitas experiências neste ano.
— Do jeito como Jorge Larrosa Bondía trata as experiências: como algo que nos acontece. A educação infantil não é um experimento que a gente prepara e para o qual imagina um resultado a ser alcançado tal como esperado. Organizamos um planejamento, mas as situações e o cotidiano podem nos levar a direções novas.

— Os caminhos são construídos coletivamente. Reafirmo a importância de termos professores na educação infantil. Somos profissionais capazes de organizar um planejamento que considere o cotidiano da educação infantil, das crianças e das relações estabelecidas no espaço escolar.
— Um planejamento com intencionalidade educativa, como menciona a BNCC[1].

— No próximo ano, será tudo diferente. As crianças vão se interessar por outras coisas, e nós estaremos atentas a encorajar novas descobertas.
— Educar dessa forma é mais desafiador, porque a gente precisa se renovar e aceitar que tudo sempre será novo.

— Eu não sou um robô para fazer tudo igual, lembra?
— Nem eu!

1 BNCC, 2018, p. 38.

— Além do mais, para que servem as férias? Vou passear, descansar, ler, namorar, vou fazer tanta coisa... Quando a gente voltar, estarei renovadíssima!
— Lá vêm as crianças correndo de novo. O que foi?

— Por que tanta pressa? Vocês nem deixaram a gente agradecer o presente.
— *Olha!*

— Olha, profe!
— *Lá no poste.*

— Olha!
— O que foi?

— O que tem lá no poste de tão urgente?
— *Patrick!*

— Patrick?
— *Ele vai voar, professora.*

— É mesmo, é o Patrick, sim.
— O filhote do joão-de-barro?

— *Olha!*

— Voou.
— Pronto. Se foi.

— Olha lá, estão chamando vocês. Hora de arrumarem as coisas e ir embora.
— Deem um abraço nas professoras!

— Gente, como correm!
— Ê, durona. Não adianta disfarçar. Olha mais uma lágrima aí no olho!

— Lá se vão nossas crianças. Dá aqui um abraço você também.
— Boas férias!

PARA NÃO CONCLUIR

Caras e caros colegas da educação infantil,

Este livro visa valorizar a docência e o trabalho realizado por professoras(es), equipes de gestoras(es), coordenadoras(es) pedagógicas(os), monitoras(es) e demais trabalhadoras(es) em escolas de educação infantil nas mais distintas regiões do Brasil. Defendemos a escola pública e a docência na educação infantil com intencionalidade educativa, com professoras e professores constantemente em posição de ensinar e aprender formas de garantir os direitos de aprendizagem das crianças.

Para homenagear a ampla maioria de profissionais do gênero feminino nessa etapa da educação básica, optamos por inserir nos diálogos duas professoras e uma coordenadora pedagógica, além, claro, das próprias crianças. Pais e mães entraram em rápidas participações especiais. Por outro lado, não deixamos de valorizar e reconhecer a presença masculina nas escolas, que enriquece o processo educativo e amplia a diversidade desejada em nossa sociedade.

Não poderíamos encerrar este livro sem reforçar que a docência na educação infantil implica conhecimento teórico, planejamento, observação atenta e intencionalidade, além de formação permanente. E esta ocorre principalmente por meio do diálogo. A forma do livro, nesse sentido, é um convite para as(os) professoras(es) se permitirem contar suas experiências, mostrar o que vêm produzindo em suas salas de referência com as crianças, compartilhar impressões de leitura, tensionar o convencional e constituir o seu repertório docente.

Não esperamos que o conteúdo da obra seja tomado como normativo. Se oferecemos exemplos para ilustrar conceitos, não é, de forma alguma, no intuito de eles serem tomados por receitas de como trabalhar com as crianças. Eles são necessários, no entanto, para ilustrar as teorias e permitir visualizar como elas perpassam e dão forma e conteúdo às práticas escolares.

Para cada etapa de produção da obra, realizamos trocas de experiências, estudos, além de avaliação e revisão conjunta. Articulamos conceitos produzidos por autoras(es) reconhecidas(os) em suas áreas e desejamos que cada leitor os confronte com suas próprias ideias, práticas e vivências no cotidiano da escola. Trata-se de dar vida a conceitos oriundos do meio acadêmico e dialogar sobre como eles se realizam nas práticas pedagógicas e formativas.

O livro está estruturado de modo a apresentar um percurso formativo ao longo de um ano letivo na pré-escola:
— a chegada das professoras;
— o contato inicial com as crianças;
— as reuniões com as famílias;
— a constituição dos espaços;
— o planejamento das sessões investigativas;
— a elaboração da documentação pedagógica;
— as reuniões de formação;
— a visita a turmas do primeiro ano do ensino fundamental;
— o encerramento do ano.

Nesse intervalo de tempo, as professoras ensinam e aprendem e as crianças interagem entre si, produzindo cultura por meio das propostas das professoras.

Ao longo dos capítulos, alguns conceitos surgem com mais força. Afinal, o que significa ser criança? O que se espera de uma criança e, consequentemente, do trabalho desenvolvido nas escolas de educação infantil? Iniciar o livro com essas questões nos pareceu fundamental para compararmos perspectivas sobre as infâncias e, em consequência, diferentes visões acerca de como deveria ser uma escola de educação infantil. Problematizamos a lógica segundo a qual a criança é um ser cujo desenvolvimento redundará na fase adulta e sinalizamos a ideia da criança como produtora de cultura com direito à infância. Dessa perspectiva, deriva algo que, para nós, deve ser frisado, a saber: o brincar não possui apenas a função de entreter e divertir, mas se constitui em direito de aprendizagem. Isso significa que as brincadeiras podem ser livres e oriundas da vontade das crianças, mas as(os) professoras(es) também podem, com intencionalidade educativa sempre, incentivar brincadeiras, brincar com as crianças e propor situações para lhes possibilitar brincarem entre si.

Esse novo olhar requer repensarmos os espaços da escola. Por isso, abordamos a criação da sala de referência e dos contextos investigativos, espaços preparados para as crianças explorarem, brincarem e interagirem. A sala de referência rompe com a organização convencional em carteiras enfileiradas e se estrutura em vista de facilitar a relação das crianças entre si e delas com as(os) professoras(es). Os diálogos visam apresentar o processo de produção desse espaço. Não há uma receita de quais contextos investigativos devem ser elaborados, pois eles só funcionarão se forem planejados em conformidade com a intencionalidade educativa das(os) professoras(es), considerando a realidade escolar local e o interesse das crianças.

A chegada das crianças introduz a ideia de a educação infantil ser, antes de tudo, um momento de acolhimento. As professoras escutam atenta e respeitosamente com o objetivo de fazer as crianças se sentirem acolhidas no novo espaço que irão frequentar. Nele, passam a experimentar o que chamamos, em consonância com nossas referências teóricas, de sessões investigativas. E essas sessões constituem momentos para as professoras instigarem as crianças a pesquisar os assuntos e temas que emergem de sua curiosidade e vêm expressos em suas falas, gestos e relações com o mundo. As sessões investigativas, em alguns casos, geram projetos de pesquisa, ilustrados no livro com o caso do joão-de-barro. Cumpre ressaltar: a intenção, mais uma vez, não foi sugerir a realização desse projeto em particular — afinal uma pesquisa com as crianças precisa considerar o interesse de cada agrupamento —, mas apresentar como o processo das sessões investigativas pode ser realizado:
(a) origem;
(b) planejamento;
(c) proposições;
(d) registro;
(e) socialização da investigação.

E, assim, evidenciar as potencialidades dessa proposta de trabalho e os tensionamentos presentes ao longo do processo, anunciando a intervenção de profissionais atentas(os) e comprometidas(os) ao converter as investigações em experiências significativas.

A documentação pedagógica surge não apenas como registro, mas como instrumento de aprendizagem. Com ela, as professoras ressignificam as aprendizagens, repensam a direção dos trabalhos, e as famílias entendem o que ocorre na escola e a razão de cada proposta. No interior do conceito de documentação, apresentamos exemplos de mini-histórias. Não pretendemos normatizar como se deve documentar o processo educativo na educação infantil, mas, mais uma vez, oferecer exemplos alinhados às teorias recentes. Estas, por sua vez, são indicadas nas notas e nas referências como sugestões de leitura. Da mesma forma, os livros literários citados surgem no contexto dos diálogos como amostra da riqueza e diversidade da literatura infantil. Não são roteiro de leitura, muito menos indicação de aquisição. São apenas o registro honesto e ético da experiência das autoras e autores deste livro em sua própria prática.

Esperamos ter deixado claro ao longo da obra a importância da permanente formação pedagógica. As professoras se reúnem para planejar, estudar e refletir sobre educação; e nos parece fundamental ressaltar o diálogo entre pares como momento de formação. Além disso, nas cenas em que mostramos reuniões pedagógicas com a equipe diretiva, tentamos evidenciar o papel da coordenação pedagógica. A coordenadora pauta as reuniões e indica o que precisa ser discutido, mas valoriza o trabalho das professoras e se mostra receptiva às ideias das profissionais.

A participação das famílias é um tema constante do livro. Elas vão à escola ouvir e serem ouvidas. As professoras realizam rodas de conversa e não escondem a tensão que elas geram. Contudo, esse é mais um motivo para incentivar a participação das famílias. Elas precisam ver a seriedade do trabalho, acompanhar a aprendizagem das crianças e compreender a intencionalidade dos projetos realizados com os agrupamentos. A mostra de trabalhos, objeto de um dos capítulos, apresenta as investigações realizadas pelas crianças e professoras. Os diálogos mostram familiares que percebem o valor das propostas e das realizações das crianças junto com as professoras.

Para encerrar o ano letivo, quisemos mostrar uma visita a turmas de primeiro ano. A transição da educação infantil para o ensino fundamental é carregada de expectativa, ansiedade e tensão. Várias questões surgem nessa visita, mas destacamos a da alfabetização como ponto central. O tema perpassa a obra inteira, e não podíamos encerrá-la sem antes voltar a ele. As Diretrizes Curriculares Nacionais para a Educação Infantil e a Base Nacional Comum Curricular não preveem a alfabetização na educação infantil, mas o tema é complexo — as professoras do livro não alfabetizam, mas oferecem o contato diário com o mundo letrado e, quando é o caso, o ampliam de acordo com o nível de interesse demonstrado pelas crianças.

A obra foi escrita por duas professoras e dois professores. Escrevê-la em conjunto foi, para nós, um exercício de formação pedagógica. Aprendemos uns com os outros e tentamos demonstrar que, em conjunto, pelo diálogo, é possível aprender e ensinar mais e melhor. Acreditamos na educação realizada assim: como aprendizagens conjuntas, e esperamos que o livro proporcione boas conversas.

A LITERATURA CITADA AO LONGO DESTA OBRA

COSTA, Wagner. *Eulálio, o espantalho*. Ilustrações: Luiz Maia. São Paulo: Moderna, 2014.

PARR, Todd. *Tudo bem ser diferente*. Trad.: Marcelo Bueno. São Paulo: Panda Books, 2020.

PINTO, Ziraldo Alves. *O joelho do Juvenal*. Ilustrações: Ziraldo. São Paulo: Melhoramentos, 2005.

WARNES, Tim. *Perigoso*. São Paulo: Ciranda Cultural, 2018.

WINTERS, Pierre. *Estrelas e planetas*. Trad.: Arthur Diego van der Geest; ilustrações: Margot Sender. São Paulo: Brinque-Book Saber, 2011.

WOOD, Audrey. *A casa sonolenta*. Ilustrações: Don Wood. São Paulo: Ática, 2009.

TECKENTRUP, Britta. *Lua: A noite por todo o mundo*. Trad.: Monique D'Orazio. São Paulo: Ciranda Cultural, 2018.

REFERÊNCIAS

BRASIL. [Constituição (1988)]. *Constituição da República Federativa do Brasil de 1988*. Brasília: Presidente da República, [2016].

BRASIL. Presidência da República. Casa Civil. Lei nº 9394/96. Estabelece as Diretrizes e Bases da Educação Nacional. *Diário Oficial da União*, Brasília, 23 dez. 1996.

BRASIL. Ministério da Educação. *Base Nacional Comum Curricular*. Brasília: MEC, 2018.

BRASIL. Ministério da Educação. Secretaria de Educação Básica. *Diretrizes curriculares nacionais para a educação infantil* / Secretaria de Educação Básica. – Brasília : MEC, SEB, 2010.

BONDIA, Jorge Larrosa. Notas sobre a experiência e o saber de experiência. *Rev. Bras. Educ.* [online]. 2002, n.19, pp.20-28. ISSN 1413-2478.

CORSARO, William A. *Sociologia da infância*. Porto Alegre: Penso, 2011.

DAHLBERG, Gunilla; MOSS, Peter; PENCE, Alan. *Qualidade na educação da primeira infância*: perspectivas pós-modernas. Porto Alegre: Penso, 2020.

DERDYK, Edith. *Formas de pensar o desenho*: desenvolvimento do grafismo infantil. Porto Alegre: Zouk, 2015.

DUBOVIK, Alejandra; CIPPITELLI, Alejandra. *Construção e construtividade:* materiais naturais e artificiais nos jogos de construção. São Paulo: Phorte, 2019.

FOCHI, Paulo Sérgio. *A documentação pedagógica como estratégia para a construção do conhecimento praxiológico:* o caso do observatório da cultura infantil - OBECI. Tese de doutorado apresentada em 2019. Disponível em https://www.teses.usp.br/teses/disponiveis/48/48134/tde-25072019-131945/publico/PAULO_SERGIO_FOCHI_rev.pdf. Acesso em 16/06/2024.

FOCHI, Paulo (org.). *Mini-histórias:* rapsódias da vida cotidiana nas escolas do Observatório da Cultura Infantil - OBECI. Porto Alegre: Paulo Fochi Estudos Pedagógicos, 2019.

FRIEDMANN, Adriana. *A vez e a voz das crianças:* escutas antropológicas e poéticas das infâncias. São Paulo: Panda Books, 2020.

GOULART DE FARIA, Ana Lucia, FINCO, Daniela (org.). *Sociologia da Infância no Brasil.* Campinas: Autores Associados, 2020.

HORN, Maria da Graça Souza; BARBOSA, Maria Carmen Silveira. *Abrindo as portas da escola infantil:* viver e aprender nos espaços externos. Porto Alegre: Penso, 2022.

HOYUELOS, Alfredo, RIERA, Maria Antonia. *Complexidade e relações na educação infantil.* São Paulo: Phorte, 2019.

MARTINI, Daniela *et alii. Educar é a busca de sentido*: aplicação de uma abordagem projetual na experiência educativa de 0-6 anos. São Paulo: Ateliê Carambola, 2019.

OLIVEIRA-FORMOSINHO, Júlia, PASCAL, Christine. *Documentação pedagógica e avaliação na educação infantil:* um caminho para a transformação. Porto Alegre: Penso Editora, 2018.

OSTETTO, Luciana Esmeralda. Educação infantil e arte: sentidos e práticas possíveis. *Caderno de formação: didática dos conteúdos formação de professores.* Universidade Estadual Paulista. Pró-Reitoria de Graduação; Universidade Virtual do Estado de São Paulo. – São Paulo: Cultura Acadêmica, 2011.

RAMOS DE OLIVEIRA, Zilma. *Educação infantil.* São Paulo: Cortez, 2020.

RAMOS DE OLIVEIRA, Zilma Moraes. *Educação infantil:* fundamentos e métodos. São Paulo: 2018.

STACCIOLI, Gianfrancesco. *Diário do acolhimento na escola da infância.* Campinas: Autores Associados, 2013.

TISHMAN, Shari. *Olhar atento:* como incentivar os alunos a aprender por meio da observação. Porto Alegre: Penso, 2024.

AUTORAS E AUTORES

— Professora Cristina, quem é você?
— Sou mãe de duas meninas, professora há trinta anos. Formada em letras, com mestrado e doutorado em educação. Atuo em cursos de pedagogia e letras.

— Por que você aceitou escrever em colaboração um livro sobre educação infantil?
— Fui professora da educação básica por muitos anos, em diferentes regiões do Rio Grande do Sul. A formação de professores é algo apaixonante, porque estamos sempre aprendendo. Além disso, acompanhei de perto minhas duas filhas durante a educação infantil, e posso dizer que foi uma experiência muito desafiante.

— Por quê?
— Porque propostas diferentes geram tensões no início. Acompanhei mudanças significativas na educação infantil. Muitas coisas deste livro vivenciei como mãe. A educação infantil está em constante evolução, e as mudanças geram dúvidas nas famílias e nos professores.

— Mudanças são sempre difíceis no início.
— Mas necessárias. Acredito que este livro possa ajudar a avançarmos naquilo que se espera de uma educação infantil alinhada com as crianças e com outras formas de pensar as infâncias. Os professores e gestores educacionais são os protagonistas desse processo. Eles têm o poder de mudar realidades para melhor.

— Professor Edson, quem é você?
— Sou professor do curso de pedagogia há mais de vinte anos. Trabalho com formação continuada na/para a educação infantil. Graduado em pedagogia, tenho mestrado e doutorado em educação. Venho acompanhando as mudanças ocorridas nos últimos anos e busco provocar as professoras e professores dessa etapa da educação básica a olharem para o mundo com a curiosidade das crianças.

— Mudanças de que tipo?

— Mudanças teórico-metodológicas que nos auxiliam a pensar a educação infantil para além do assistencialismo que um dia marcou essa etapa. A docência assumiu um papel central para pensarmos processos, intencionalidades e a participação ativa das crianças na construção de conceitos.

— Vocês contam isso neste livro?
— A ideia é mostrar que as mudanças positivas ocorrem quando há diálogo. Nada do que escrevemos deve ser lido como receita do que fazer, como norma a ser seguida. O que a gente quis foi mostrar um processo de construção de uma sala, de construção de planejamentos, de construção de sessões investigativas feitas a partir do interesse das crianças.

— Você foi o responsável pela parte teórica do livro?
— O trabalho foi coletivo. Os encontros para definir cada elemento da obra contaram com a participação das autoras e autores o tempo todo.

— O livro propõe que a educação seja assim, um trabalho coletivo?
— É nisso que acreditamos.

— Professora Graziele, quem é você?
— Sou professora de educação infantil há oito anos, formada em pedagogia. Ingressei no mestrado em educação porque acredito na importância de qualificar meu trabalho, de fazer uma educação coerente e respeitosa com as crianças, com amorosidade e rigor teórico, apostando no protagonismo das crianças e na autoria docente.

— Por que você aceitou escrever este livro em equipe?
— Me convidaram porque queriam alguém atuando com crianças da pré-escola. Os outros autores me conheciam e confiaram em mim para garantir que a obra envolvesse professoras e crianças inspiradas em pessoas reais.

— Você tinha o trabalho de dar um tom verdadeiro aos diálogos?
— Exato. Além de ajudar a escolher elementos teóricos e metodologias possíveis no cotidiano das escolas.

— Uma tarefa difícil: fazer com que a teoria seja vista em exemplos práticos.
— A gente teve várias reuniões em que contei situações vividas nas minhas turmas. Tudo foi adaptado, é claro, para a obra poder fazer sentido na prática de profissionais de todo o país. O exercício de acompanhar a escrita do livro foi um belo movimento de formação e reflexão sobre a especificidade e a complexidade do trabalho docente na escola de educação infantil. O diálogo, escolhido como forma de composição do livro e de apresentação do dia a dia das professoras, é uma pista de como o trabalho conjunto e coletivo qualifica o fazer docente. Não precisamos viver uma solidão pedagógica.

— Professor Maiquel, quem é você?

— Sou uma pessoa de muita sorte por ter trabalhado com o grupo de autores do livro que você tem em mãos.

— Como surgiu essa ideia?

— A editora perguntou se eu podia escrever um livro sobre educação infantil. Eu não me sentia apto, mas conhecia pessoas que podiam me ajudar. Convidei o professor Edson e a professora Cristina, e eles toparam na hora. Conversamos e sentimos necessidade de uma professora de educação infantil para integrar a equipe. O nome da Graziele foi nossa primeira opção.

— Você trabalha com educação infantil?

— Sou formado em letras, com mestrado e doutorado em literatura comparada.

— Por que a editora lhe pediu um livro sobre educação infantil se sua formação é em outra área?

— Os editores acreditaram na fórmula dos diálogos que eu havia desenvolvido em outro livro. A gente aprende muito quando se propõe a dialogar de verdade. Como meus colegas disseram, não apresentamos regras nem receitas, mas diálogos que mostram ser possível uma nova forma de vivenciar a educação infantil. Fica o convite: participe da conversa!

Esta obra foi composta em DIN-Regular 12/17 e Chaloops 11,5/18
e impressa em papel Pólen 80g e Ningbo Fold 250g
para a **Parábola Editorial** em fevereiro de 2025.

Impressão e acabamento:
Melting